늑개

늑개

초판 1쇄 인쇄일 | 2021년 12월 15일
초판 1쇄 발행일 | 2021년 12월 20일

지은이 | 정홍복
펴낸이 | 김진성
펴낸곳 | 헤우테

편   집 | 김현정
디자인 | 장재승
관   리 | 정보해

출판등록 | 제2016-000007
주   소 | 경기도 수원시 장안구 팔달로237번길 37, 303호(영화동)
대표전화 | 02) 323-4421
팩   스 | 02) 323-7753
홈페이지 | www.heute.co.kr
전자우편 | kjs9653@hotmail.com

값 15,000원
ISBN 978-89-97763-43-6(03230)

* 잘못된 책은 서점에서 바꾸어 드립니다.

눈개

눈개: 안개비보다 조금 굵고 이슬비보다 가는 비.
하나님 앞에서 자신을 겸손히 빗댄 은유적 표현.

정홍복 지음

생의 절반을 지휘관으로 살아온 어느 목회자의 낮아짐에 관한 이야기

차례

1
유년의 뜰

2
거인으로 살아온 군대 생활

3 광야를 지나며

4 하나님의 품꾼으로

여러 개의 태풍과 절벽을 지나 발견한,
나로 향하신 하나님의 각본

누구나 살면서 많은 어려움을 겪는다. 내 삶 또한 누구와 견주어도 모자라지 않을 정도로 고되었다. 어려움이 닥칠 때마다 '왜 나만 이런 일을 겪어야 할까?' 하며, 누구에게랄 것도 없이 숱한 원망과 서운함이 일렁였다. 아주 뒤늦게야 그것의 정체가 고난이 아니었음을 헤아리게 되었다. 절벽 아래로 떨어지는 것 같이 휘몰아쳤던 인생의 노정들이 하나님께서 내게 복 중의 복, 세상이 흉내 낼 수도 없는 참된 복을 주시기 위한 통로로 쓰였음을 깨달았다.

아버지를 포함해 할아버지와 작은아버지 등 집안 어르신들이 일찍 작고하셨다. 맞잡을 손 하나 없고 어깨 하나 기댈 곳 없는 어머니는 힘겹게 집안을 이끄셨다. 그러다 보니 내게는 아버지로부터 배워야 할 가르침이 텅 비었고, 조화로운 인성을 기를 기회 또한 얻지 못했다. 다만 증조모로부터 어머니에게 이르기까

8

지 우리 집안은 모두 예수를 믿었다. 나는 초등학교에 다니기 전부터 주일학교에 다녔다. 내 유일한 가정교육은 전능의 하나님 아버지가 계시는 교회에서 이뤄진 셈이었다.

나는 청·장년기 25년을 군대에서 보냈고, 중령으로 제대했다. 젊고 푸르던 군 복무 시절엔 높은 자리를 바라보았고, 사람의 인정을 얻기 위해 애쓰며 살았다. 그런 중에도 특별한 훈련이 있는 날을 제외하곤 교회 예배를 의무로 알고 지켰다. 군대에서 여러 차례 죽을 고비도 넘겼다. 장교가 되기 위한 강한 훈련도 받고, 위험한 환경에도 수차례 노출됐다.

그때마다 하나님께서는 나를 강하게 제련하셨고, 결국 합력하여 선을 이루게 하셨다. 곁길로 갈 땐 다리도 골절시키셨고, 그 골절로 인해 만 30년 동안 세 번의 수술을 받아야 했다. 또 신묘막측한 성령의 역사로 중독에 가까운 술·담배도 끊게 하셨다. 그 좋던 직장에서 코를 꿰어 끌어내시고는 마침내 신학을 하도록 하셨다.

제대 3개월을 앞두고 군 장교 현역이던 첫 아내를 교통사고로 사별했고, 재혼한 아내를 5년 만에 다시 암으로 잃는 '태풍'을 만났다. 제대 후의 생애 또한 녹록지 않았다. 새벽 3시에 일어나 가락시장에서 구입한 식품을 분당에서 종로1가까지 배달하는 일도 해보았고, 부천에서 동두천까지 학교급식 배달도 해보았

여는 글

다. 문화재발굴사업단에서 퇴직할 때 안정적인 직장을 떠나는 서운함도 있었지만, 이 역시 하나님의 계획하심이었다.

하나님은 내가 목사가 된 후 십여 년간을 사랑하는 지금의 아내와 함께 성령치유 사역, 선포 기도, 생명언어 설교, 회개 기도 등의 훈련 현장으로 이끄셨다. 그리고 늦게 시작한 목회에 알맞은 '실버 처치Silver Church 예배'를 통해 어르신들의 영혼 구원을 둘러싼 사명을 다할 수 있도록 인도해주셨다. 하나하나 돌아보건대, 내게 베풀어주신 하나님의 은혜는 이루 헤아릴 수가 없다. 남은 생애 동안 몸과 마음을 다 바쳐 조그마한 봉사라도 하고 싶다. 평생 살면서 부모 없이 할머니 혼자 손주들을 키우는 조손가정을 많이 보았다. 특히 교회에서의 교육이 유일한 가정교육이었던 나처럼, 상황과 형편이 좋지 않은 아이들을 찾아내 그들의 꿈을 응원하고 싶다.

이 책은 자랑할 것 하나 없는 내 인생의 작은 흔적이다. 어린 시절부터 지금까지의 시간을 있는 그대로 담으려고 했다. 뒤늦게 시작한 나의 목회 사역은 이렇다 하게 내밀 이름이나 결산할 것이 아직은 없다. 다만 독자 중 지금 절망과 고통의 외나무다리를 걷고 있는 사람이 있다면, 내가 걸어온 자취 어느 대목에서 작으나마 힘을 얻게 된다면 좋겠다. 또 지금의 내가 있기까지 물심양면으로 나를 이끌며 도운 동역자들의 현장을 함께 나누고도 싶다.

이 책이 나오기까지 기도와 헌신으로 함께 해준 나의 아내 최수지 사모와 지금까지 목회에 기도와 물질적 지원을 아끼지 않은 나의 믿음직스런 딸들다정, 다영에게 고마운 마음 전한다. 특별히 대학 졸업생으로 학업과 아르바이트를 병행하는 가운데서도 이 아비의 글을 컴퓨터로 옮기는 작업을 도와준 막내딸다은이 큰 힘이 됐다. 또한 내게 할아버지로 살아가는 기쁨과 행복을 안겨준 나의 보물들 - 손자요한와 손녀요엘, 세린, 소율 - 에게 사랑한다는 말을 전하고 싶다. "할아버지가 쓴 글 제가 봐드릴게요"라고 응원해준 초등학교 6학년 큰손자 요한아, 고맙구나.

이번 글쓰기가 진행되는 동안 글과 삶을 나누며 함께 소통해 온 북코칭 교실 동료들, 특히 이 책이 출간되기까지 혼신을 다해 지도해주신 봉은희 교수님께 깊이 감사드린다. 이 책이 단 한 사람, 단 하나의 공동체라도 하나님께 조금이나마 가까이 가는 통로가 되기를 기도한다.

젊은 날의 나는 거인이었다. 그래서 가슴뼈가 다 드러나고, 피부가 모조리 벗겨졌으며, 구멍이 숭숭 뚫린 몸으로 절뚝거리면서도 내 몸집은 줄어들지 않았다. 그러니 누구도 나를 지휘할 수 없었고, 안아줄 수도 없었다. 내 인생에 여러 개의 태풍이 지나간 후에야 나는 크기를 가늠할 수 없는 하나님의 따스한 품에 안겨 평안의 베개를 베고 누웠다. 내 인생의 모든 고비는 하나님 앞에 거인으로 살면 안 된다는 걸 깨닫는 시간이었다.

　이제는 조금 알겠다. 크신 그분 앞에서 나는 고작 햇볕 한 줌에 사라지고 마는 아침 안개와 같은 존재라는 걸. 내 것이라고 착각했던 거대한 몸집은 내 키가 아니라, 나를 지키시는 하나님의 거대한 눈길이 드리워진 은혜의 그림자였음을.

2021년 10월
새로 이사 온 여주에서
정홍복 목사

격려의 글

잔잔한 감동의 필치로 그려낸
인생 사계절의 희로애락

   인생에도 사계절이 있다. 이 사실을 정홍복 목사의 저서 《는개》는 증명해준다. 담백하면서 잔잔한 감동의 필치로 펼쳐낸 정 목사님의 이 글에는 저자 인생의 봄·여름·가을·겨울이 고스란히 담겨 있다.

   봄은 따스하여 만물이 소생하며, 아름다운 꽃들이 만발하여 푸르름과 향기를 머금은 계절이다. 그렇다면 지은이에게 있어 인생의 봄은 언제일까? 그에게 힘과 젊음이 있을 때가 아닌, 하나님 앞에서 '는개'처럼 겸손히 자신을 낮추어 사는 것임을 깨달은 때부터 시작되었다고 본다. 신학 공부를 마친 후 목사 안수를 받은 11년 전부터 지금까지 정 목사님은 사회적 약자들을 돌보며 살았다. 현재도 여전히 어른들을 섬기고 있으며, 앞으로 소외된 아이들에게 '책 읽어주는 할아버지'로 살아갈 마음의 준비가 돼 있는 지금이 곧 그의 봄날이다. 특별히 사모님과 가족들이 협

13

력하여 노인 사역을 기쁨과 감사함으로 감당하고 있으니, 이것이야말로 싱싱함과 그리스도의 향기를 뿜어내는 봄날의 정취가 아닌가.

봄이 지나면 어김없이 여름이 찾아온다. 작렬하는 태양과 충분한 수분을 공급받아 곡식과 과일들이 잘 자라는 계절이다. 그러기에 농부들은 폭염 속에서도 땀을 흘리며 수고를 마다하지 않는다. 고등학교 졸업 후 우연히 알게 된 육군3사관학교에 입학하여 중령으로 제대할 때까지의 25년 공직생활 기간이 지은이의 여름이었다. 고통스럽고 인내를 요구하는 일이 많았지만, 장차 좋은 열매를 맺게 해준 충분히 의미 있는 시간이었으리라.

겨울은 고난과 역경을 상징하는 계절이기도 하다. 정 목사님은 편모슬하에서 어렵게 유소년 시절을 보냈다. 고등학교를 졸업한 뒤엔 곧장 취직을 해서 돈을 벌어야만 했다. 그러나 지금까지의 고통보다 더 아리고 참담했을 지은이의 겨울은 교통사고로 사모님을 잃은 것과, 둘째 사모님마저 암으로 사별했던 시기가 아니었을까. 물론 이 과정에서 그가 겪은 인생의 고난과 시련은 칼바람 부는 겨울밤에 비할 바가 아니다.

그런 지은이에게도 어김없이 가을은 찾아왔다. 유소년기와 청년기의 역경을 잘 이겨낸 인내와 노력 덕분에, 지은이의 앞마당엔 풍성한 결실이 그득하다. 군 장교로서 젊음을 바쳐 나라에 충성을 다한 것도 그렇고, 세 딸을 믿음으로 훌륭하게 키워서 하나님의 일에 동역자가 되게 한 것도 그렇다. 더욱 기대되는 것은 현재도 요양원의 어른들과 소외된 아이들을 위하여 기도하며 헌신하고 있다는 점이다. 향후 구원의 열매와 함께 교회와 이 민족의 귀한 일꾼들이 계속 배출될 것으로 믿는다. 이보다 더 값진 열매가 어디 있겠는가.

정홍복 목사님께선 지난 세월 동안 누구의 아들로, 남편으로, 세 딸의 아버지로, 군의 지휘관으로, 성도들의 목사로, 이름 없는 누구의 인생 동반자로, 소외된 이웃 아이들의 할아버지로 결코 녹록치 않은 인생을 살아 오셨다. 이 여정에서 그가 겪었던 인생 사계절의 희로애락이 담긴 《는개》는 한동안 아니 어쩌면 오래도록 내 마음에 잔잔한 감동으로 남아 있을 듯싶다.

내 인생을 반추해 보기에 충분한 글이었다. 기쁨으로 일독을 권한다.

이정현
대한예수교 장로회(대신) 총회 총회장,
소망교회 담임목사

격려의 글

격려의 글

자기 삶을 돌아보게 하는
성찰의 힘 제공

"일생에 책 한 권을 쓴다는 것은 학교를 하나 세우는 과업과 같다."

일찍이 누군가 이렇게 말했습니다, 그 어려운 과업을 완수하신 정홍복 목사님께 진심으로 축하를 드립니다. 큰 마음 먹고 골몰해도 누구나 쉽게 할 수 있는 일이 아닌데, 다망하신 중에도 글을 쓰시고 이렇게 책까지 펴내시니 그저 존경의 마음 가득합니다.

생애 가장 왕성한 시기인 20~40대를 구국간성의 공직에서 헌신하신 후 또 한 번의 공익적 사명과 다름없는 목회자로 부름 받아 창조주 하나님께 남은 생의 헌신을 결정하고 사명을 감당하시는 목사님의 모습에서 비장한 아름다움을 보았습니다. 목회자로서의 덕목을 갖추신 데다 평소 신앙의 양심을 벗어나지 않으시려는 목사님의 흐트러짐 없는 발걸음은 제게 늘 귀감이 되

16
는게

었습니다.

이 책에선 저자의 가난했던 성장기 시절의 서정, 특별한 기회와 축복들, 역경을 딛고 힘든 훈련 과정을 거쳐 오랜 세월을 공직에 계시다가 은퇴 후에 신학대학원에 입학하여 수학하신 후 목회자가 되기까지의 역정歷程이 한 편의 드라마와 같이 펼쳐집니다. 젊은 날의 시련과 회심을 비롯하여 저자의 인생에 간섭해 오신 하나님의 섬세하신 계획과 역사, 목회 현장에서의 미담 등을 통해 살아 계신 하나님의 놀라운 섭리를 다시 한 번 보게 됩니다.

우리 윗세대들이 살아낸 한국전쟁 이후의 가난하지만 아릿한 추억을 소환해내는 이야기, 군 장교 시절의 스릴 있는 에피소드, 뜻밖의 사고, 진지하게 삶을 대하는 태도와 치열함 등 인생의 다양한 희로애락이 담긴 저자의 묵직한 인생 이야기는 단숨에 읽힐 만큼 흥미진진하면서도 잔잔한 감동을 줍니다. 지극히 개별성을 지니면서도 우리 모두의 이야기로 다가왔기 때문이 아닌가 싶습니다.

좋은 글은 평범하게 살아가는 사람이든, 생의 사명을 깨닫고 방향 전환을 했던 사람이든, 신앙인이든 비신앙이든 독자로 하여금 자기 삶을 돌아보게 하고 각성케 하는 힘이 있습니다. 이 책이 바로 그런 울림을 주고 있습니다.

격려의 글

평범한 듯 비범한 저자의 여정을 찬찬히 따라가다 보면, 그 속에 담겨 있는 하나님의 특별한 섭리와 은혜를 발견하게 될 것입니다.

홍인태
부천 큰기쁨교회 담임목사

격려의 글

굴곡진 일생을 통해 올려드리는
아버지의 신앙고백

어린 시절 내 기억 속 아버지는 무척 엄한 분이었습니다. 고집 센 저는 그런 아버지와 부딪치는 일이 많았습니다. 미국에 계신 할머니에게 편지를 쓰지 않겠다고 고집 피우다 된통 매를 맞고 는 다음 날 파스 붙이고 학교에 갔던 기억이 납니다. 아빠가 후원하는 친구와 놀이동산에 가지 않겠다고 떼를 쓰다가 대나무로 흠씬 얻어맞은 기억도 있습니다.

제가 중학생이 되었을 때, "더 이상 네게 매를 들지 않겠다"고 선언하신 아버지는 말씀대로 저를 때리지 않았습니다. 그 약속을 한 번도 어기지 않았으며, 그날 이후 저를 성인으로 존중해 주었습니다. 아버지는 그런 분입니다. 아무리 힘들어도 당신이 한 약속은 틀림없이 지키시는.

아버지는 누구와도 쉽게 친구가 될 정도로 소탈하고 열린 마음을 지녔습니다. 경비원 아저씨부터 동네 어른들까지 편안하

19

격려의 글

게 대하는 사교적인 분입니다. 제가 아버지께 물려받은 가장 큰 유산은 편견 없이 사람을 대하는 열린 마음과 긍정적인 태도가 아닌가 싶습니다. 직간접적인 그 교육 덕분에, 그리고 아버지의 기도 덕분에 제가 삶을 사랑하며 즐겁게 살 수 있었다고 생각합니다.

이 글을 읽는 동안 아버지를 더 깊이 이해하게 되었습니다. 굴곡이 있는 쉽지 않은 인생이었지만, 결국 하나님의 뜻과 계획 안에서 하나님의 품으로 인도함을 받는 여정이었음을 알겠습니다. 이 책은 70여 년을 살아온 한 개인이 자신의 삶을 반추하는 회고의 글이자, 일생을 통해 올려 드리는 신앙 고백입니다.

기독교 가정에서 자라는 은혜를 입었지만, 아버지가 자라온 환경은 어려웠습니다. 누구 하나 기댈 사람 없이 혼자의 힘으로 자신의 길을 개척하신 아버지는 세상과 잘 지내기 위해 부단히 노력하며 애쓰셨습니다. 그 과정에서 아버지는 세상이 만든 견고한 성에 에워싸이기도 하고, 단단해진 자아로 인해 괴로워하기도 하셨습니다. 결코 우연이 아닌 필연(!)으로 아버진 하나님을 깊게 만났습니다. 그리고 주님께로 양들을 인도하는 목회자가 되었습니다. 강한 자아가 하나님의 깨뜨리심으로 낮아지고 부들부들해져서, 점차 하나님의 사람으로 단련되어 가는 과정

는게

을 이 책은 보여주고 있습니다.

초등학교 시절에 아버지가 돕는 아이와 여러 차례 만난 적이 있었습니다. 철없던 저는 고집을 부리며 툴툴거렸는데, 무척 죄송한 마음이 듭니다. 아버지는 젊은 날부터 아이들 돌보는 일을 좋아하셨습니다. 그리고 이제야 깨닫습니다. '어쩌면 사명처럼 아버지는 아이들을 돕고 싶은 마음을 일찍이 품고 계셨구나!' 하는 걸요. 앞으로 아버지가 만날 어린아이들의 초롱초롱한 눈망울이 그려집니다.

이 글이 많은 이들의 마음에 가닿았으면 하는 마음입니다.

맏딸 정다정
페이스북코리아 인스타그램 홍보 총괄상무

1

유년의 뜰

큰 소리로 울어라

초등학교 입학식이 있던 날이었다. 우리 동네에는 나와 동갑인 남자아이 넷과 여자아이 한 명이 있었다. 1㎞쯤 떨어진 곳에 초등학교가 하나 있었다. 평야지대에 자리한 학교는 면 전체에 거기 한 곳뿐이었다. 그날은 600명의 입학생과 3,000명의 재학생, 그리고 입학생과 같이 온 부모들로 넓은 운동장이 가득 찼다.

다른 아이들은 아버지와 어머니는 물론 형제들까지 온 가족이 총출동해 학교로 향했다. 그러나 나는 다른 아이들이 학교에 간다고 하니 덩달아 따라나선 길이었다. 나도 어머니께 손수건을 하나 달라고 해서 가슴에 달고 혼자 학교로 향했다. 당시 어머니는 아버지와 사별하고 얼마 되지 않아, 심리적으로나 생활적으로 여유가 없으셨던 것 같다. 교회 출석 외에는 일절 바깥출입을 꺼리셨다.

우리는 리 단위로 구분해서 편성된 줄에 서 있었다. 오전 9시에 교사들이 명부를 들고 와서 이름을 부르기 시작했다. 반 편성

25

이 시작된 것이다. 아이들은 네 개의 줄을 만들어 섰고, 일렬로 길게 서 있는 우리 줄에서도 이름이 불렸다. 호명된 아이들은 서 있는 줄에서 3m 정도 떨어진 곳에 다시 새 줄을 편성했다. 모인 아이들 중 반 이상이 호명되어 새로운 줄로 이동했다. 처음에 같이 서 있던 아이들 수가 점점 줄어들었다.

나는 불안해지기 시작했다. 불안은 현실로 나타났다. 나만 제외하고는 전부 새 줄로 이동한 것이다. 한참을 호명하던 교사가 내 앞으로 왔다.

"넌 이름이 뭐니?"

"정홍복이요."

내 이름을 들은 교사는 출석부를 보며 고개를 좌우로 흔들었다. 그리고 다른 교사들에게 물어보더니 가타부타 말도 없이 교무실 쪽으로 사라지고 말았다. 갑자기 절망이 엄습해왔다. 지난해에도 나만 호명하지 않았는데, 올해도 내 이름만 안 불렀다.

자석에 끌리듯 내 시선은 교무실로 향했다. 나도 모르게 무작정 달려가 교무실 문을 열었다. 그리고 큰 소리로 "으앙!" 하고 울어 버렸다. 입학 문제로 회의를 하던 교사들이 일순간 나를 바라보았다. 그중 한 교사가 나랑 눈을 마주쳤다.

"애야, 왜 우니? 넌 이름이 뭐니?"

그때까지만 해도 내성적이라 말도 제대로 못 하던 나였는데,

느개

무슨 용기가 났는지 또렷하게 주소와 이름을 말했다. 그러자 그 교사는 중앙에 있는 교감선생님에게 가서 자초지종을 이야기했다. 그러자 교감선생님은 교사 한 분을 손짓하며 불렀다.

"○○○ 선생, 이 아이를 그 반으로 데려가세요!"

그렇게 나는 초등학교에 입학했다. 나는 생일이 12월이고 출생도 1년 늦게 신고하는 바람에 그 사건이 아니었다면 동갑 나이보다 2년 늦게 초등학교에 입학할 수밖에 없었을 것이다. 다행히 교무실로 가서 크게 울었기 때문에 1년을 앞당겨 초등학교에 입학할 수 있었다. 주님 앞에 무릎 꿇고 크게 울면 보이지 않는 성령님이 역사하신다.

몰랐던 은혜

나는 갓난아이 때부터 어머니 등에 업힌 채, 그리고 걷기 시작할 땐 스스로 걸어서 교회에 다녔다. 우리 집안은 증조부모님과 할머니, 어머니와 우리 형제까지 4대에 걸쳐 예수님을 믿었다. 그중에서도 신실하게 예수를 믿은 조상은 증조할머니와 할아버지, 어머니로 기억된다.

증조모님을 뵌 적은 없으나, 1955년 극심한 흉년이 왔을 때 굶주린 동네 사람들에게 곡식을 나누어 준 분이라는 말을 들었다. 남을 긍휼히 여기고 정이 많았다고 한다. 우리 집안과 동네에 처음으로 예수님을 전파한 분이기도 하다. 그 증조모께서 돌아가셨을 때 동네 하늘에 선명한 무지개가 떴다고 한다. 그때 밭에서 일하는 동네 아주머니들이 약속이나 한 듯 말했다고.

　"창섭이 할머니가 돌아가셨나 보다."

　할아버지는 50대에 예수님을 믿었지만, 매일 새벽에 일어나 기도를 시작해서 자기 전에도 거르지 않고 기도생활을 하셨다고 한다.

　어머니는 처녀 때부터 예수님을 믿었다. 처녀 때 다닌 하묘리 교회는 8·15 해방 후 북한 지역에 계셨던 여자 전도사가 무안 지역에 내려와 개척한 3개의 교회 중 하나라고 한다. 어머니는 우리 집안에 시집와서도 열심과 정성을 다해 예수님을 믿는 믿음의 사람이었다.

　어머니는 29세의 젊은 나이에 남편과 사별했다. 어머니는 아버지 없이 4남매를 키우는 데 오로지 하나님만 믿고 의지했다. 자연스레 매일 기도로 밥을 해 먹고 살았다. 어머니는 먹고사는 일에 분주한 가운데서도 주일은 철저히 지키셨다. 수요예배와 금요예배는 물론 새벽 예배에도 빠짐없이 참석하셨다. 주일 전

느개

에는 옷을 깨끗이 빨아서 곱게 다려 놓으셨다. 그리고 헌금으로 낼 돈은 주일 아침에 빳빳이 다려서 준비했다. 그러니 자식들이 주일에 결석하는 것은 생각도 못할 큰일이었다. 나는 초등학교 6년 동안 학교는 아파서 2일 결석했지만, 주일학교는 한번도 빠진 적이 없었다.

반면에 아버지와 형은 믿음이 없었다. 아버지에 대한 기억은 딱 한 가지다. 6·25 전쟁이 끝나고 미군이 동네 정자에서 미제 통조림과 여러 가지 식품을 나누어 준 일이 있었다. 나는 아버지의 손을 잡고 정자로 갔다. 나는 미군이 나누어주는 츄잉 껌을 과자인 줄 알고 그만 꿀꺽 삼켜 버렸다. 그러자 온 동네 사람들이 탄식했다.

"어쩌냐. 껌은 창자에 붙는다던데, 홍복이 이제 큰일 났네."

그러나 염려와는 다르게 아무 탈 없이 지나갔다.

신앙의 수준을 숫자로 나타낼 수는 없다. 하지만 형제들의 신앙 정도를 볼 때, 예수를 믿는 신앙심이 자손들에게로 이어지는 것은 똑똑히 알 수 있었다. 우리는 흔히 신앙이라고 하면 구원만 생각하기 쉽다. 그러나 예수님의 말씀을 믿고 깨달은 대로 살려 노력할 때, 그 사람에게 주신 사명에 따라 육신의 필요도 넉넉히 채우신다고 생각한다. 즉, 예수님을 제대로 믿으면 영육 간에 반드시 축복을 받는다는 게 내 믿음의 지론이자 신앙관이다.

누나는 어려운 환경에서도 두 아들을 신앙으로 키웠다. 누나의 큰아들은 정보통신부 산하기관의 과장으로, 작은아들은 미국에서 사업가로 성공했다. 누나는 오로지 하나님만 의지하며 쉬지 않는 기도를 통해 하나님의 은혜를 입은 것이다.

내 남동생은 제대를 하고 한국에서 총신대를 졸업한 후 미국 버지니아 주에서 교회를 개척해 섬기다가 은퇴했다. 미국인 교회를 인수해서 목회하다가 교회를 신축하고 칠팔백 명의 성도를 섬겼다. 증축 과정을 거친 후 은퇴 5년 정도를 남기고는 후임 목사님께 목회를 넘기고 조기 은퇴를 했다. 모두 그러는 건 아니지만, 나이 많은 담임목회자가 이끌어 가면 교회가 늙어간다고 생각해서 내린 결정이었다.

하나님께선 내 가정에도 큰 복을 허락하셨다. 장성한 두 딸에게 최고의 신랑을 주셨고, 모두 믿음 생활을 잘 하는 가운데 경제적 안정과 평안한 가정을 이루며 살아가도록 이끄셨다. 이제 막내딸에게도 평탄한 앞길을 열어주실 것을 확실히 믿고 있다.

그동안 우리 가족은 어려운 환경에 처하기도 했다. 허나 하나님을 인생의 주인으로 모심으로써 하나님의 큰 은총과 축복을 받은 가정이 되었다. 오로지 하나님의 크신 사랑에 감사드린다.

오장육부 아멘!

나의 조부는 동네에서 명성이 자자하신 분이었다. 경성제국대학을 나왔고, 서당 훈장 선생님을 지내셨다. 삼일절과 8·15 해방 기념일에는 동네 정자에서 마을 어르신들이 모인 가운데 만세 삼창을 했는데, 맨 앞에 서서 '대한 독립 만세!'를 선창하셨다.

우리 가정은 증조모님 때부터 동네에서 처음으로 예수를 믿었다. 손자들에겐 이 세상에서 가장 범접하기 어려운 분이 할아버지였다. 그러나 천하의 그런 할아버지도 하나님보단 지위나 항렬이 낮다는 것을 우리는 식사 기도를 통해 알아버렸다. 식사 때마다 하나님께 '아버지'라고 기도하는 모습을 매번 듣고 보았기 때문이다.

어느 날이었다. 손녀를 제외한 손자들에게만 호출 명령이 떨어졌다. 무슨 내용인지도 모르고 손자들 전원이 모여 할아버지 방으로 조심스레 들어갔다. 들어서자마자 할아버지는 기도의 중요성을 역설하셨다. 좌우로 한번 둘러보고 손자들을 한 명 한 명 확인한 후 기도를 시작했다. 할아버지는 기도 중에 염통, 허파, 간, 지라, 쓸개, 위, 소장, 대장, 콩팥 등을 나열했다. 나는 그때 처음으로 우리 배 속에 여러 종류의 장기가 있다는 것을 알게 됐다. 또한 '지라'라는 장기도 있다는 것을 처음 알았다. 할아버지의 기도는 특별했다.

"하나님! 염통이 강건해서 혈액 순환이 잘 되고 각종 질병에 걸리지 않게 하옵소서. 하나님! 간이 튼튼해서 건강하게 해주시고, 간으로 인해 병이 나지 않게 해주십시오. …"

이렇게 할아버지는 오장육부에 대해서만 한 시간 정도 기도를 하셨다. 그 외에 집안 식구 어느 특정인을 위한 기도는 없었다. 할아버지는 기도의 응답대로 건강하게 사셨다.

하루는 익산에서 약방을 운영하시는 작은할아버지가 찾아오셨다. 대화를 많이 나눈 뒤 작은할아버지가 귀가하셨는데, 할아버지는 작은할아버지가 어디로 가나 본다고 뒤따라가시다가 그만 동네 냇가 다리에서 넘어져 물에 빠지셨다. 그런 일이 있은 후에 어디 크게 아프거나 별다른 증상 없이 오장육부가 건강한 채로 3일 만에 돌아가셨다.

모든 기도와 간구를 들으시는 하나님 아버지! 우리가 바라는 것을 준비해 놓으시고 기도와 간구를 기다리시는 하나님, 감사합니다!

다 죽이겠다!

내 큰형은 6·25 전쟁이 발발하자 같은 나이인 작은아버지와 같이 징집돼 해병대 창설 요원으로 진동지구 전투에 투입됐다. 진동지구 전투는 마산합포구 진동면 야반산 지역에서 발생했다. 6·25 전쟁 발발 이후 파죽지세로 남진하던 북한군의 기세를 꺾었다는 평가를 받고 있다. 부대원 전원이 1계급 특진의 영예를 받았다고 한다.

이후 큰형은 김일성 고지 전투에서 폐에 적탄을 맞고 부산 제3육군병원에서 치료를 한 후 제대했다. 김일성 고지는 강원도 금강군 북한 측 비무장지대에 위치한 동부전선 요충지로, 6·25 전쟁 중인 1951년 9월부터 10월까지 치열한 전투가 벌어진 곳이다. 결국 치열한 전투 끝에 그곳을 북한이 차지했고, 안타깝게도 많은 사상자가 발생했다고 한다.

큰형은 제대할 때 수류탄 한 발과 총알 수십 발을 가지고 귀향했다. 그리고 그것을 천장 위에 교묘히 숨겨 놓았다. 군에 가기 전까지 양처럼 순했던 형은 제대 후 완전히 다른 사람이 되어 있었다. 친구들과 자주 술자리를 가졌는데, 그 자리에서 친구들이 자기를 비방하거나 의견이 나뉘기라도 하면 큰형은 수류탄을

터뜨려 다 죽이겠다고 했다.

형이 변한 모습은 당시 동네 서당을 운영하는 할아버지만 모를 뿐, 온 집안이 다 알고 동네 사람도 알고 있었다. 많은 동네 사람들이 두려움에 벌벌 떨었고, 언제 어디서 누가 피해자가 될지 몰라 다들 전전긍긍했다.

어느 날 저녁이었다. 어머니는 검은 보자기에 싼 물건을 하나 들고 급히 나를 부르셨다.

"홍복아, 삽 들고 따라와라."

사방이 깜깜한 밤이었다. 무섭기는 했지만 어머니가 앞장섰기 때문에 군소리 없이 따라갔다. 동네에서 약간 떨어진 냇가 둑까지 우리 두 사람은 말없이 걸었다.

"됐다."

어머니의 갑작스러운 말에 나는 걸음을 멈췄다.

"홍복아, 이걸 냇가 한복판에 땅을 파고 묻어라."

보자기에 싸인 것은 형이 숨겨 놓은 단지였다. 수류탄과 총알이 들어 있는 단지는 꽤나 무거웠다. 그것을 묻고 나니 갑자기 냇가 물이 더 차갑게 느껴졌다. 등골이 오싹해지며 두려움이 몰려왔다.

다음 날이었다. 집안이 난리가 났다. 큰형의 가장 든든한 힘이었던 수류탄과 총알이 없어졌기 때문이다. 그러나 수류탄과 총알의 비밀은 어머니와 나만 알고 아무도 알 수 없었다. 얼마 지나지 않아 나는 그날 어머니가 형제들 가운데 왜 나를 택했는지 알 수 있었다. 둘째 형은 머리가 좋은 데다 약삭빨라서 자기가 알고 있는 것을 발설하지 않고는 못 배기는 사람이었다. 그에 비해 나는 약간 모자라고 말수도 적었다.

그 일 이후 동네에 풍기던 죽음의 냄새는 점점 사라져 갔다. 그리고 평화가 찾아왔다. 기고만장해서 날뛰던 큰형은 풀이 죽었고 점점 외톨이로 변해 갔다.

누울 자리

"넓은 들에 익은 곡식 황금물결 뒤치며, 어디든지 태양 빛에 향기 진동하도다. 무르익은 저 곡식은 낫을 기다리는데~♬"

우리나라에서 유일하게 지평선이 있다는 호남평야의 한복판 김제평야는 그야말로 황금물결로 출렁였다.

"오늘은 벼를 베러 가볼까?"

큰형님의 말에 형수는 깜짝 놀랐다. 이 핑계 저 핑계 다 대면서 일은 하지 않고 하루 종일 방 안에 처박혀 담배만 피우는 남편이 어지간히 밉상이었을 것이다. 한데 그런 남편이 갑자기 벼를 베러 간다니 개과천선改過遷善을 한 것일까 싶어 형수는 기쁨을 감추지 못했다.

'그러면 그렇지! 남편이 늦게 철이 드는 모양이로구나.'

비록 벼르지도 않은 헌 낫을 들고 나가는 남편이지만, 뒷모습이 멋져 보이기까지 했다. 형수는 재빨리 점심 반찬을 만들기 위해 1km 정도 떨어진 면 소재지에 가서, 이 가게 저 가게 돌아다니며 있는 돈을 털어 고기, 생선, 채소 등 풍성한 찬거리를 준비했다.

어느덧 점심때가 되었다. 형수는 고개가 부러질 정도로 진수성찬을 담은 광주리를 머리에 이고 집에서 300m 정도 떨어진 논으로 갔다. 그런데 논에 도착해 보니 남편이 보이지 않았다. 두리번거리며 사방을 둘러보았다. 혹시 잘못 왔나 확인해보았지만, 물꼬를 보니 틀림없는 그 논이었다. 형수는 목이 부러질 정도로 많은 음식을 머리에 인 채 소리를 질렀다.

"명숙이 아빠! 명숙이 아빠!"

그러자 한참 만에 반대편 논 자락에서 형이 일어섰다. 형수는 큰형이 반대편에서부터 벼를 베어오고 있는 것으로 생각하여 목이 아픈 것을 참고 그쪽으로 가보았다. 형수는 가슴이 찢어졌다. 큰형은 겨우 자기 '누울 자리'만큼만 벼를 베고, 베어낸 벼를

는게

깐 채 잠을 자고 일어난 것이다.

"아, 참 잘 잤다!"

속 터지는 소리가 들렸다.

••• ◆ •••

세상에서 제일 맛있는 음식

우리는 어릴 때 국민학교에 다녔다. 요즈음의 초등학교를 그때는 그렇게 불렀다. 등교할 시간이 되면 똘도랑이라고 하는 수로를 따라 1㎞ 거리에 있는 학교로 향했다. 우리 동네는 60여 가구가 모여 사는 제법 큰 마을이었다. 평야지대 한복판에 밭이 약간 있고, 거의 논으로 둘러싸인 동네였다. 산물이 풍부할 것 같지만, 그 시절엔 항상 배고픈 날의 연속이었다. 그래서 그런지 먹는 것에 대부분 관심이 많았다.

4학년부터는 도시락을 싸 가지고 등교했다. 살짝 쌀을 입힌 것 같은 누런 보리밥에 반찬은 김치, 새우젓, 단무지가 대부분이었다. 잘사는 집 애들은 멸치볶음, 생선조림 등을 반찬으로 가지고 왔다. 점심시간은 그야말로 새우젓, 김치 등 별의별 냄새가 진동했다.

그런데 우리 선생님은 무엇을 그렇게 열심히 생각하는지 턱에 팔을 괴고 상념에 젖어 있었다. 조금 있으니까 요란한 노크 소리가 들리더니 출입문이 열렸다. 면사무소 옆에 있는 중국집 사환이 짜장면을 들이밀더니 선생님의 책상 위에 탁 놓고는 문을 닫고 가버렸다. 그러자 정말 맛있는 짜장면 냄새가 온 교실 안에 퍼졌다. 우리는 이미 도시락을 먹은 뒤라 선생님의 짜장면 먹는 모습과 그 냄새를 맡으며 침만 꼴깍 삼켰다. 아니 침을 질질 흘렸다고 해야 맞을 것이다. 그때는 화장지도 귀한 시절이라 만만한 옷소매 끝으로 여기저기서 흘린 침을 닦고 있었다.

지난달 어느 날이었다. 바닷가 근처 같은 반 친구 집에 가는 길에 마침 면사무소 옆 중국집을 지났다. 그때 면사무소에서 직원들이 우르르 나와 중국집으로 들어가는 것이 눈에 띄었다. 보나 마나 점심으로 짜장면을 먹으러 들어가는 것이었으리라. 그러자 어릴 적 짜장면을 먹는 선생님이 하염없이 부러웠던 기억이 났다. 당시 짜장면은 아무나 먹을 수 있는 음식이 아니었다. 면사무소 직원이나 국민학교 선생님 정도는 돼야 먹을 수 있는 음식이었다. 그때 나는 다짐했다.

'나는 커서 면사무소 직원 아니면 국민학교 선생님이 꼭 되고야 말겠다. 그래서 저 맛있는 짜장면을 실컷 먹으리라.'

그런 생각에 잠겨 있는데, 딸랑딸랑 수업시간을 알리는 종이

눈개

울려 짜장면 생각을 흩어 버렸다.

···◆···

고구마가 웃다

상강은 음력 9월에 드는 24절기 중 하나로서, 말 그대로 서리가 내리는 시기를 말한다. 양력으로는 10월 23일쯤 된다. 이 시기는 가을의 쾌청한 날씨가 계속되는 반면, 밤 기온이 매우 낮아지는 때다. 따라서 수증기가 지표에서 엉겨 서리가 내리기 시작한다. 특히 농사력으로 이 시기는 추수가 마무리되는 때라 단단히 겨울맞이를 시작해야 한다.

우리 지역에서는 10월 초순 전후에 고구마를 캤다. 고구마는 추위에 약하기 때문에 서리가 오기 전에 캐야만 한다. 고구마를 캐는 것은 여러 농사일 중에서 가장 큰 즐거움을 준다. 유기질이 풍부한 마사토 토양에서 키운 고구마는 캘 때 덩굴에 고구마 열매가 주렁주렁 달려 나오기 때문이다. 그뿐 아니다. 배고픈 시절에는 땅속에서 막 캔 고구마를 밭가에 자란 풀 위에 대충 문질러서 날것으로 먹기도 했다. 그 맛은 정말 기가 막혔다.

오늘은 고구마를 캐러 가는 날이다. 점심은 꽁보리밥에 고추를 된장에 찍어 대충대충 먹었다. 큰형은 쇠스랑, 둘째 형은 괭이, 나와 동생은 수확한 고구마를 담을 마대자루를 들고 형들을 따라 출발했다. 밭은 집에서 500m 정도 떨어진 곳인데, 어릴 때라 그런지 꽤 먼 거리처럼 느껴졌다. 고구마밭에 도착해 보니 짙푸른 색을 띤 고구마 잎사귀와 줄기가 흙이 안 보일 정도로 온 밭을 뒤덮고 있었다.

나와 동생의 임무는 고구마 덩굴을 걷어내는 것이었다. 그러면 형들이 쇠스랑과 괭이로 고구마를 캐나가기 시작했다. 한 시간 반쯤 되자 거의 모든 작업이 종료됐다. 고구마는 두둑한 둑을 만들어 그 위에 심는데, 가끔은 말을 안 듣는 고구마도 있다. 기껏 만들어 놓은 둑에 뿌리를 내리지 않고, 둑과 둑 사이 고랑에 뿌리를 내리기도 했다. 그런 경우에는 쇠스랑으로 캐기가 더 수월했다. 말 안 듣는 고구마를 우리가 발견하면 큰형이 와서 캐곤 했다.

고구마를 거의 다 캔 후 더 캘 것이 없나 두리번거리는데, 밭이 끝나는 지점에 흙이 솟아오른 곳이 보였다. 그곳을 발로 툭 건드렸더니 생각보다 큰 고구마가 발에 밟혔다. 나는 너무 기뻐서 큰 소리로 외쳤다.

"여기, 고구마!"

그러자 큰형이 마치 미친개처럼 뛰어왔다.

"어디, 어디?"

나는 오른발로 고구마가 있는 곳을 가리켰다. 그 순간 나는 기절했다. 형이 쇠스랑으로 캔 것은 고구마가 아니라 내 발등이었다. 쇠스랑이 내 발을 관통했던 것이다. 갑자기 고구마밭은 아수라장으로 변했다. 해병대 출신인 큰형은 모든 것을 팽개치고 지혈도 하지 않은 채 나를 업었다. 잰 달음질로 쏜살같이 병원으로 내달렸다. 나는 병원에서 발을 치료하는 도중에 깨어났다. 엄청나게 아팠다. 한데 그 와중에도 내 발 때문에 못 캔 큰 고구마가 너무도 궁금했다. 이런 상황을 지켜보던 고구마가 나를 보고 피식 웃었다.

맨땅에 헤딩

우리 동네는 조그마한 야산 밑, 논보다는 약간 높은 지대에 자리하고 있었다. 60여 가구가 사는 동네 주위는 북서쪽 일부를 제외하고 전부 논으로 둘러싸인 곳이었다. 그리고 해 뜨는 동쪽으로 500m 정도 떨어진 곳에는 공동묘지가 있었다.

특별한 놀이 시설이 없다 보니, 우리는 주로 천여 평 되는 야산 아래서 놀았다. 산 밑에는 비석이 자리한 건물이 있었는데, 우리는 그 건물을 정문이라고 불렀다. 정문 주위에서 딱지치기도 하고, 술래잡기도 하며 건물 내외부로 들락거리며 놀았다. 그 건물과 야산은 우리의 유일한 놀이터였다. 그 야산에는 나무가 거의 없었고 손이 닿지 않는 경사면에는 어린 소나무가 자라고 있었다. 정문 옆으로 지나가는 작은 도로는 신작로라고 불리는 큰 도로와 연결되어 있었다. 이 도로는 겨우 차 한 대가 다닐 정도의 좁은 편도였다.

오늘은 우리 큰형이 이사 가는 날이다. 큰형 집에서 제일 가까운 도로가 그 길이라 소형 트럭 한 대가 매연을 내뿜으며 들어왔다. 그 당시는 '리어카'라 불리는 손수레도 없던 시절이었다. 그래서 짐을 옮길 땐 주로 인력으로 해결했고, 평수가 좀 큰 짐은 지게로 운반했다. 전기가 들어오기 전이라 냉장고와 같은 가전제품도 없었다. 그러니 살림이라야 단출하기 그지없었다. 장롱이 제일 큰 짐이었다. 나머지 물건은 사람이 지고 들고 옮길 수 있는 것들뿐이었다.

이삿짐 운반 트럭이라고 해봐야 요즘 볼 수 있는 대형 트럭이 아니라, 1톤 정도의 크기였다. 제일 큰 짐은 운전석 가까이 앞쪽으로 놓고, 그다음엔 충격에 약한 장독대와 까딱 잘못하면 깨질 사기그릇을 실은 후 새끼줄과 짚으로 그 사이를 메웠다. 그리고 마지막으로는 이동할 때 손상되지 않는 이불, 옷, 요강 등의 가재도구와 식량 등으로 채우면 한 차에 다 실렸다. 그런 뒤 최종 확인을 하고 출발하면 이삿짐 운반은 끝이다.

트럭 옆에서 짐 옮기기를 구경하던 나는 트럭 안에 이삿짐이 어떻게 실려 있는지가 몹시 궁금했다. 그래서 트럭 바퀴를 밟고 조심조심 차에 올라갔다. 바로 그때였다. 조수석에 앉은 큰형이 "오라이!" 하고 큰 소리를 내질렀다. 순간 운전사는 뒤도 확인하지 않고 힘껏 액셀러레이터를 밟았다. 나는 트럭 뒤쪽에서 울린 반동으로 차에서 거꾸로 떨어졌다.

차는 가버렸고, 나는 몽롱해진 상태로 한참 만에 일어나 비틀거리며 집으로 돌아갔다. 만약 내가 성인이 되어 뇌가 꽉 찬 상태에서 거꾸로 떨어졌다면 뇌진탕이나 뇌 손상으로 충격이 컸을 것이다. 다행히 덜 자란 어린애라서 뇌에 공간이 남아 있어서 큰 상처 없이 살아남을 수 있었으리라.

당시 일을 회고하건대, 만약 그때 조금만 더 심하게 맨땅에 헤딩했다면 그 상처가 정신질환으로 발전하지 않았을까도 싶다. 저를 지켜주신 주님, 감사합니다.

이 웬수!

내 바로 위의 형은 어릴 때부터 머리가 비상하다는 말을 자주 들었다. 그는 한번 들었던 말을 녹음한듯 기억할 정도로 기억력이 좋았다. 동네에서 8㎞ 떨어진 군 소재지에 있는 성경고등학교에 다녔다. 4살 터울의 작은형과 나는 가깝게 지냈다. 자주 어울리다 보니 나는 형에게 두들겨 맞는 일도 많았다. 내게 곤란한 심부름도 많이 시켰다. 형은 군 소재지에 있는 학교에 다니면서 소위 '노는 친구'들을 많이 사귀었다. 그런가 하면 15살 나이에 돈을 알아버렸다. 그것도 비정상적인 방법으로 돈을 만드는 방법을 알고 과감히 실행에 옮기곤 했다.

어느 늦은 가을 저녁이었다. 집안에 아무도 없고 형과 나 단둘이 있었다. 작은방에는 가을에 수확한 벼가 둥그렇게 가마니로 둘러싸여 봄을 기다리고 있었다. 봄에는 값이 오르기 때문에 그때 판매할 목적으로 그렇게 해놓은 것이었다.

그런데 갑자기 밖으로 나갔던 형이 어디서 가지고 왔는지 손수레를 끌고 나타났다. 그리고 벼를 쌓아 놓은 작은방으로 갔다. 가마니로 두른 벼를 안에서 밖으로 퍼내기 시작했다. 그러더니 나에게 엎드리라고 했다. 자루에 담아내려는 것이었다.

당시 나는 초등학교 5학년이었으나, 형이 해서는 안 될 일을 저지르고 있다는 걸 알았다. 우리가 다음 수확할 때까지 생활하고 먹을 양식이었기 때문이다. 내가 거부하자 형은 나의 무릎, 배, 가슴 등을 사정없이 때렸다. 내가 바닥에 고꾸라지자 이번엔 목과 가슴팍을 지근지근 밟았다. 형은 어울리는 친구들을 통해 폭력만이 상대로부터 내가 원하는 것을 가장 확실하고 신속하게 얻어내는 최선의 방법임을 배워버린 것 같았다.

눈물이 앞을 가렸다. 버텨보려고 했지만 몸 전체를 두들겨 맞은 나는 결국 항복하고 엎드렸다. 형은 승리의 쾌감을 만끽하듯 콧노래를 부르며, 형의 키만 한 자루 2개에 벼를 가득 담아 방앗간으로 가버렸다.

얼마 후 형은 큼지막한 눈깔사탕 몇 개를 내게 가져다주었다. 시골에서는 좀체 맛보기 어려운 것이었다. 철없이 나는 그걸 입속에 넣었다. 혀에 닿는 달콤한 맛이 어찌나 황홀하던지 형에게 얻어맞은 기억마저 까맣게 잊을 정도였다. 그렇게 맛있는 사탕은 태어나서 처음 먹어보았다.

'사탕아, 내 입에서 영원히 녹지 말고 있어라.'

입막음용으로 내민 사탕 몇 알에 그동안 형에 대해 안 좋았던 감정도 깡그리 녹아 없어졌다. 입안에서 녹는 사탕처럼.

형은 항상 어머니 머리 위에 있었다. 농촌에서는 가을 추수가

45

유년의 뜰

전부인데, 그다음 해에도 형은 방심의 틈을 노렸다. 어머니도 이번에는 준비를 철저히 하셨다. 추수하자마자 정미소에서 쌀을 정미하여 아예 팔아버린 것이다. 그리고 쌀 판 돈을 당시 홍색 오천 원 권으로 바꾸어 장롱 서랍 밑에 붙여 놓았다.

그러던 어느 날 형이 갑자기 보이지 않았다. 뭔가 짚이는 게 있는지 어머니는 재빨리 장롱 서랍 밑을 확인하셨다. 오천 원 권이 사라진 것을 안 어머니는 식음을 전폐했다.

형은 돈이 떨어지면 어김없이 다시 나타났다. 형은 집에서 100m 정도 떨어진 냇가 다리에서 왔다 갔다 했다. 자신이 돌아왔음을 나에게 알리는 신호였다. 나는 형이 왔다고 어머니께 알렸다. 어머니 얼굴에는 아무 표정이 없었다. 나는 형에게 어머니 표정을 그대로 전했다. 형은 고개를 숙이고 집으로 들어왔다. 잠시 한숨을 쉰 어머니는 딱 한마디 하셨을 뿐이었다.

"이 웬수!"

그러고 나면 어머니는 아무 일도 없는 것처럼 딴 일을 하셨다. 어머니는 '사람의 원수가 자기 집안 식구(마 10:36)'라는 성경의 가르침을 알고 계셨던 듯하다. 당신이 낳은 자식이라 이러지도 저러지도 못하고 사랑으로 품으셨다. "너희 원수를 사랑하라. 너희를 박해하는 자를 위하여 기도하라(마 5:44)"라는 말씀에 순종하셨던 것이다.

탈출

1965년경은 소형 라디오가 인기였다. 그때 이봉조 씨의 '밤하늘의 메아리'란 KBS 프로그램이 있었다. 확실한 시간은 생각나지 않지만 오후 9시 전후로 기억한다. 이봉조 씨의 색소폰 소리는 나에게 무척 신비롭게 들렸다. 나는 그 시간이면 어김없이 라디오에서 나오는 '밤하늘의 메아리'란 색소폰 소리를 들으며 잠이 들었다.

그해 3월 나는 중학교에 입학했다. 그 학교는 군 전체에서 유일하게 밴드부가 있었다. 6 · 25 전쟁 중 북진하던 미군 부대 군악대가 우리 면을 통과할 때, 미국 본국으로부터 악기 일체를 신품으로 보급받았다. 미군 군악대는 사용하던 악기 전체를 밴드부가 없는 죽산중고에 기증했다. 그러다 보니 제법 역사와 전통을 자랑하는 밴드부가 되었다.

중학교에 진학하고 중간고사를 치른 후였다. 고등학교 3학년인 밴드부장이 나를 찾아왔다.

"정홍복! 밴드부에 들어와라."

"네? 저요?"

"여기는 아무나 들어오는 곳 아니다. 공부도 상위권이 돼야

47

유년의 뜰

한다."

그런데 그 말이 은근슬쩍 나의 자존심을 건드렸다. 나는 평소에도 색소폰에 관심을 많이 가지고 있었기 때문에 깊이 생각해보지도 않고 승낙하고 말았다. 다음 날 밴드부 총 책임자인 음악 선생님과의 면담이 있었다. 음악 선생님은 내게 이것저것 질문하셨다.

"너 무슨 악기를 불고 싶니?"

"색소폰을 불고 싶습니다."

"야! 임마! 색소폰을 연주하려면 클라리넷을 3년간 불어야 해! 그렇게 할 수 있어?"

클라리넷이 뭔가 알아보니 피리처럼 생긴 조그마한 악기였다. 나는 실망했다. 그래서 나는 클라리넷은 싫다고 했다. 음악 선생은 다음 날까지 부르고 싶은 악기를 말해달라고 하면서 면담이 끝났다.

생전 처음으로 중대 결심을 해야만 하는 사건이 발생했다. 악기에 대한 지식도 없는 처지라 결심은 쉽지 않았다. 그러나 결정을 미룰 수는 없었다. 곰곰이 밴드부를 생각해보았다. 밴드부가 행진할 때 맨 앞에 트롬본이 나왔다. 순간 트롬본을 불면서 행진하는 것이 너무 멋있게 느껴졌다. 다음 날 나는 음악 선생님께 대답했다.

"트롬본을 불겠습니다."

그렇게 나는 자동으로 밴드부 학생이 되었다. 그런데 밴드부에 들어간 후부터 나는 예상외로 너무 힘들다는 걸 실감했다. 아직 악보도 제대로 읽을 줄 모르는 데다 학교 공부는 더 힘들었다. 또 밴드부의 연습과 행사 참여는 나를 이중으로 힘들게 했다. ○○군 전체에 밴드부가 하나밖에 없기 때문에, 군의 모든 행사는 우리 밴드부가 다 참석해 분위기를 돋우었다. 하다 못해 무슨 초등학교 운동회가 그렇게 많은지, 하루가 어떻게 지나가는지조차 몰랐다.

그러나 나를 더욱 힘들게 하는 건 따로 있었다. 수업시간에는 교실 앞쪽 창문을 열어놓는데, 밴드부장이 내게 검지로 표시를 했다. 나오라는 뜻이었다. 그러면 공부하는 도중에라도 바로 나가서 악기 연습에 참석해야만 했다. 2학년 여름방학 땐 아예 합숙하면서 고강도 연습에 들어갔다. 여름방학이 끝나고 새 학기가 되자 나는 점점 불안해지기 시작했다. 이제 1년만 지나면 고등학교 입학시험을 치를 텐데 공부할 새가 없었다. 악기에만 매달려서는 고등학교에 갈 수 없다는 생각이 들었다.

나는 어렵게 결단을 했다. 그러고는 교실 앞 창문의 밴드부장이 손가락을 들어 보여도 의도적으로 무시했다. 쉬는 시간이 되면 재빠르게 화장실로 뛰어가 안에서 문을 잠갔다. 냄새가 고약

유년의 뜰

했지만 참고 견뎠다. 그러나 이런 생활이 오래갈 수는 없었다.

어느 날 매복해 있던 밴드부 부원에게 걸리고 말았다. 나는 밴드부 학생들이 모여 있는 악기 연습장소로 끌려갔다. 나를 혼내 놓아야만 밴드부 요원의 이탈을 막을 수 있기 때문에, 밴드부를 이탈하려고 하는 나를 순순히 보내줄 수는 없었다. 밴드부 학생들이 원형으로 나를 둘러쌌다. 밴드부장이 먼저 몽둥이를 들었다.

"엎드려!"

나는 지시에 순응해 엎드렸다. 밴드부장은 있는 힘껏 몽둥이로 내 엉덩이를 내리쳤다. 나는 너무 아파서 펄쩍펄쩍 뛰었다. 밴드부장의 날카로운 목소리가 들렸다.

"엎드려, 이 새끼야!"

그러더니 전체 밴드부 학생들이 돌려가면서 나를 때렸다. 밴드부장이 때린 강도 만큼은 아니지만, 맞은 부위를 계속 맞으니 견딜 수 없이 아팠다. 나를 때리는 밴드부 학생이 이제 2명 남았을 때였다. 나는 안도의 한숨을 쉬면서 눈물을 흘렸다.

"하나님, 감사합니다!"

밴드부를 탈출했다는 사실이 나를 통증으로부터 해방시켰다.

능력의 하나님

동네에서 읍내 군청 소재지까지는 8㎞이다. 읍에 있는 학교에 다니는 학생들 7명은 아침에 자전거를 타고 동네를 출발했다. 오후 4-5시가 되면 수로 둑 위로 자전거를 탄 학생들이 일렬로 들어온다. 그 모습은 마치 한 폭의 그림 같았다. 매일 그 광경을 보며 중학교 3년을 보냈는데, 그들의 무리가 너무나도 부러웠다. 나도 중학교를 졸업하면 반드시 읍에 있는 ○○고등학교에 들어가겠다고 다짐을 하곤 했다.

1965년 1월, 고등학교 입학원서를 쓰는 계절이 왔다. 담임선생님은 학생 개인 면담을 시작했다. 내 차례가 되었다.

"저는 읍에 있는 ○○고등학교에 입학원서를 쓰겠습니다."

"안 돼! 너는 전주고등학교 아니면 입학원서를 써줄 수 없어!"

선생님은 아주 강력하게 반대하셨다. 내 생각엔 쉽게 ○○고등학교의 입학원서를 써줄 것으로 생각했는데, 안 된다니 어안이 벙벙했다. 그리고 격년에 한 명 입학하는 학생이 있을까 말까 할 정도로 문턱이 높은 전주고등학교에 입학원서를 제출하라니 더욱 기가 막혔다.

'혹시 담임선생님이 내 실력을 잘 모르시나?'

선생님은 지난 12월에 치른 모의고사에서 내가 전교 1등을 했다는 것만 기억하고 있었다. 그때는 어떻게 운 좋게 1등을 한 것이지, 그것이 진짜 내 실력이라고 믿어지지는 않았다. 하여간 담임선생의 주장으로 나는 전주고등학교에 입학원서를 제출했다.

입학시험을 치르기 위해서 버스를 타고 생전 처음 전주를 방문했다. 어머니가 아는 분 댁에서 시험 전 하룻밤을 묵었다. 마침 그 집에 나와 같은 학교에 입학시험을 치르는 3학년 친척 학생 한 명이 같이 숙박하게 됐다. 군 소재지에 있는 중학교에 다니는 그 아이는 공부도 잘 했고, 자신감도 넘쳤다. 자기는 틀림없이 합격할 수 있다며 장담하는데, 그럴수록 나는 더욱 위축되었다.

아침 식사를 간단히 하고 100m 거리의 전주고등학교로 갔다. 한데 정문 앞에 도착한 나는 수험생보다 많은 그들의 가족들이 정문 앞에 운집해 있는 모습을 보고 또 한 번 위축이 되었다. 경사진 정문 앞길을 따라, 정문 곳곳엔 크고 작은 엿이 덕지덕지 붙어 있었다. 어떤 엿은 얼마나 큰지 늙은 호박만 했다. 엿처럼 척 붙으라는 수험생들의 소원과 가족들의 염원이 담긴 징표였다. 나만 교문에 엿을 안 붙인 것 같았다.

이래저래 더욱 스산하고 움츠러든 마음으로 나는 수험장에 들어갔다. 전라북도 각 시·군에서 온 수험생들의 얼굴에선 윤기가 흐르고 다들 자신만만한 표정들이었다. 그에 비해 나는 자신

늘게

감이라고는 전혀 없었다. 면에 있는 중학교 수업 외에는 과외수업을 한 번도 받아보지 못했다. 시험지를 받았는데 아는 문제가 별로 없었다. 절로 힘이 빠졌다. 또 나만 느끼는 감정인지 몰라도, 시험감독 선생은 내 주위에서만 왔다 갔다 하는 것 같았다. 불안하고 착잡한 가운데 시험이 종료됐다.

오로지 믿는 '빽back'은 하나님밖에 없었다. 평소 응답을 구할 땐 주로 사랑의 하나님을 많이 찾았다.

"사랑의 하나님, 저를 도와주십시오."

그런데 시험이 끝난 다음에는 내가 부르는 하나님에 대한 수식어가 바뀌었다.

"전지전능하신 능력의 하나님! 제가 입학시험에 꼭 합격할 수 있게 도와주십시오."

전지전능하신 능력의 하나님은 내 기도를 들으시고 응답하셨다.

⋯ ◆ ⋯

집안의 몰락

젊은 과부가 홀로 4남매를 키우는 것은 쉬운 일이 아니었다.

유년의 뜰

어머니는 가정살림에 필요한 돈을 오로지 논농사에만 의지해 충당하셨다. 가을에 추수한 벼를 저장해 이듬해 봄에 판매하거나, 추수와 동시에 도정해 현금을 만들기도 하셨다. 그리고 그 돈을 가지고 일 년을 살아가는 것이었다. 경제적으로 항상 여유가 없었지만, 그런 중에도 어머니는 용케 살림을 꾸려 나갔다.

하지만 자식들이 장성하자 돈의 용처도 늘어갔다. 바로 위의 형이 읍내에 있는 학교에 들어가자, 차비와 용돈이 지출되기 시작했다. 그리고 문제가 생겼는데, 형은 공부보다 나쁜 것을 먼저 배웠다는 점이다. 추수한 벼를 훔쳐서 정미소에 팔기도 하고, 일 년 농사한 돈을 훔쳐서 아예 집을 나가기도 했다. 그리고 돈이 떨어지면 집에 돌아왔다.

도둑을 자식으로 키우고 있으니, 집에는 빚이 늘어나기 시작했다. 곧이어 나까지 16㎞ 떨어진 전주의 고등학교에 다니게 되니, 하숙비와 수업료 그리고 차비 등이 적지 않게 필요했다. 어쩔 수 없이 그것도 빚으로 충당할 수밖에 없었다. 게다가 동생도 전주에 있는 중학교에 들어갔다. 빚은 점점 더 늘어났다. 그 당시 빚은 봄에 꾼 돈의 50% 이상을 가을에 더하는 장리 빚으로, 일정 선을 넘어서면 빚의 덫에서 결코 헤어날 수 없게 된다.

나는 고등학교를 졸업하고 독서실에 취직했다. 월급은 3,000원이었다. 아주 적은 금액이었지만 집안에는 그럭저럭 도움이 되었다. 허나 그 돈은 조족지혈새의 발에 묻은 피, 지극히 적은 분량을 뜻함에 불과했다. 당장 숨을 돌리는 데는 도움이 되지만, 가계 부채며 집안 형편을 만회하기엔 턱도 없이 적은 금액이었다.

생활의 압박을 견디지 못하던 어머니는 결국 하나밖에 없는 논을 팔았다. 전 재산을 처분한 것이다. 먼저 장리 빚을 전부 갚았다. 그리고 빈털터리로 먼저 서울에 정착한 친척의 주소를 알아내 무조건 고향을 떠났다. 이사할 땐 가재도구를 전부 다 챙길 수 없었다. 이사할 돈조차 없었기 때문이었다. 꼭 필요한 취사도구와 옷가지만 챙겨서 야반도주하듯 새벽에 동네를 벗어났다. 그렇다고 서울에서 누가 우리를 기다리고 있는 것도 아니었다. 당장 기거할 집도 없었다. 들어갈 직장도 없었다.

그러나 '여호와 이레' 하나님께서는 미리 서울에 정착한 삼촌 한 분을 준비시키셨다. 그를 통해 다 허물어져 가는 빈집을 준비시키셨고, 최저 생활이나마 할 수 있는 직장도 준비하셨다. 또 누나가 취업해서 그나마 어머니를 도와 집안을 유지하는 디딤돌이 됐다. 그때 나는 군대에 입대했다. 김신조가 무장공비로 내려온 이듬해라 훈련 중에 7명이 죽을 정도로 혹독한 훈련을 거쳐 장교 과정을 마쳤다.

이렇게 철저하게 망한 가운데에서도 어머니는 동생을 고등학교에 입학시켰다. 오로지 하나님만 의지하는 신앙이 없었다면,

유년의 뜰

감히 생각도 못할 일이었다. 그 동생이 총신대를 졸업하고 당시로선 어려운 미국행을 통해 미국에서 교회를 개척했다.

어머니는 밤마다 오직 하나님께 울면서 기도를 드렸다. 그 기도와 간구가 밑바닥에 떨어진 우리 집안을 구원한 원동력이 되었다.

"아무것도 염려하지 말고 다만 모든 일에 기도와 간구로 너희 구할 것을 감사함으로 하나님께 아뢰라 그리하면 모든 지각에 뛰어난 하나님의 평강이 그리스도 예수 안에서 너희 마음과 생각을 지키시리라(빌립보서 4:6-7)"

2

거인으로 살아온
군대 생활

하찮은 인생

1968년 2월, 고등학교를 졸업한 나는 바로 취업을 했다.

어느 날이었다. 고3 때 가끔 갔던 독서실에 들렀는데, 평소 나를 지켜보았던 사장이 내 의중을 물어보았다.

"독서실 실장이 그만두는데, 혹시 독서실 실장을 맡아 볼 생각이 없나?"

나는 찬밥 더운밥을 가릴 처지가 아니었다. 바로 독서실 실장 일을 맡아 출근하기로 했다. 독서실은 2층을 전부 쓰는데, 교실보다 약간 작은 방을 3개로 나눠 운영했다. 각 방은 30명 정도 수용 가능한 면적이었고, 책상과 의자가 붙어 있는 1인용으로 채워진 곳이었다.

호기롭게 승낙은 했는데 막상 출근해 보니 생각보다 독서실 운영이 힘들었다. 일과가 끝나면 의자를 나란히 놓고 그 위에서 잠을 잤다. 식사는 거의 세 끼를 라면으로 때웠다. 한창 날이 더울 때 라면만 먹다 보니 하체에서 땀이 많이 났고, 몸이 허약해졌는지 도랑을 건널 때는 빠진 적도 있었다. 그래서 일주일에 하루는 꼭 가정식 백반집에 들렀다. 유일하게 밥상을 대하는 순간이니만큼, 반찬 하나 남기지 않고 다 먹었다. 국물 한 방울조차 꿀맛이었다.

그래도 독서실 실장의 책임감이 있어 독서실 운영 전반을 점검해보았다. 청소는 내가 도맡아 했고, 밤 12시가 되면 문을 닫고 새벽 5시에 다시 문을 열었다. 가장 큰 문제는 90명 정원의 독서실인데 고작 15명 전후의 학생만 이용한다는 점이었다. 사장의 개인 건물이라 다행이지, 월세를 내야 하는 처지였다면 수지타산이 안 맞았다.

15명의 인원을 분석해 보니 세 사람 중 한 명은 여학생이었다. 그래서 아이디어를 하나 냈다. 800원 하는 입실료를 여학생에 한해 300원으로 파격적 인하를 단행했다. 그랬더니 소문을 듣고 여학생들이 몰려들기 시작했다. 여학생들이 몰려들자, 남학생들이 자동으로 몰려와 금세 90명 정원이 채워졌다.

독서실장 생활이 6개월 정도 되었을 때였다. 점심을 먹고 돌아오는데 눈에 들어오는 포스터가 있었다. 멋진 제복을 입은 육군 하사관이 늠름한 포즈를 취하고 있는, 하사관 모집 안내문이었다. 그 한 장의 포스터는 '다람쥐 쳇바퀴 도는' 듯한 생활을 하고 있는 나 자신을 돌아보게 하는 계기가 되었다.

'대한민국 남자라면 의무적으로 군대에 가야 한다. 그러면 지

금이 기회가 아닐까? 월급도 준다는데!'

직접 병무청에 가서 지원해야 하는데, 혼자서 운영하는 독서실이라 자리를 비울 수가 없었다. 그래서 궁여지책으로 부실장을 두었다. 한 달 독서실 입실료를 면제해주는 조건이었다. 부실장은 내 지시를 어기지 않고 잘 순응했다. 드디어 육군 하사관 모집에 응시하는 날이 다가왔다. 나는 부실장에게 당부를 했다.

"사장님이 찾으면, 오후 1시경에 늦은 점심 식사를 하러 갔다고 해주세요."

독서실에서 병무청까지는 약 2㎞의 거리로, 걸어서 30분 정도 소요됐다. 12시 40분에 출발해서 병무청까지 뒤도 돌아보지 않고 뛰었다. 오후 1시경에 병무청에 도착했다. 땀을 뻘뻘 흘린 채 거친 숨을 쉬며 병무청에 들어갔다. 사무실에는 반팔 제복을 입은 예쁜 여군 중사가 책을 보고 있었다.

"무슨 용무로 왔어?"

"육군 하사관에 지원하려고 왔습니다."

그녀는 내게 몇 가지 질문을 했다. 그리고 지원원서를 가져오려는 듯 일어섰다. 나는 '하나님 감사합니다'라고 짤막한 기도를 드렸다. 그런데 그와 동시에 원서를 가지러 가던 여군 중사가 나를 향해 추가 질문을 했다.

"어느 고등학교를 졸업했나?"

"○○고등학교를 졸업했습니다."

그 말이 떨어지자마자 그녀는 큰 소리로 말했다.

"○○고등학교 나왔으면서 하사관을 지원해? 3개월 후에 장교 모집이 있으니 그때 다시 와."

다시 독서실로 뛰어오면서 여군 중사의 말을 곰곰이 생각해봤다. 하나님께서는 나 같은 연약하고 보잘것없는 하찮은 인생도 허투루 대하지 않으시는구나 생각하니 가슴이 미어졌다.

"내가 산을 향하여 눈을 들리라 나의 도움이 어디서 올까 나의 도움은 천지를 지으신 여호와에게서로다(시편 121편 1-2절)"

•••◆•••

제련소

1969년 3월 초에 논산에서 영천으로 이동했다. 역에서 곧바로 대기하고 있던 트럭으로 사관학교에 직행했다. 학교 건물은 군대 교육기관이 사용했던 건물로 낡고 볼품이 없었다. 도착한 즉시 한 내무반에 20명씩 배정됐다. 들어가 보니 난방이 안 된 방인데 광목 시트와 모포가 정돈되어 있었다. 옷을 벗고 침구 속으로 들어가니, 발이 시리고 추워서 잠이 오지 않았다. 밤 12시가 조금 지난 시각, 막 설잠에 들었다.

그때 갑자기 비상이 발령됐다.

"전원 팬티만 착용하고 집합하라!"

우리는 매서운 추위 속에서 팬티 차림으로 전원 집합했다. 비상의 원인은 '군기가 빠졌다'였다. 갑작스러운 지시였지만 군대는 명령에 살고 명령에 죽는다는 것을 생각하고 아무도 불평이 없었다. 잠시 후에 구대장 한 분이 나와서 훈시를 하더니, '정신 상태가 불량하니 시정해야 한다'며 우리를 살얼음이 얼어 있는 풀장으로 인솔했다. 그는 얼음이 얼어 있는 풀장에 들어가라고 했다. 너무 당황해서 서로 눈치만 보며 머뭇거렸다.

"풀장 앞으로!"

구대장의 불호령이 내렸다. 그러자 일제히 얼음을 깨고 풀장에 들어갔다. 시퍼렇게 차가운 얼음이 섞인 물이 목까지 찰랑거렸다. 우리는 너무 추워서 팔다리를 오므린 채 나무토막처럼 서 있었다. 그러자 구대장은 양손을 들게 하고 두 다리도 30㎝ 이상 벌리게 했다. 두 팔과 두 다리가 붙어 있으면 따뜻하다는 것이다. 그리고 군가를 시켰다.

"사나이로 태어나서 할 일도 많지만~ 너와 난 나라 지키는 영광에 살았다~"

거인으로 살아온 군대 생활

연거푸 계속 군가를 부르게 했다. 얼음물 속이라 추운 것은 말할 것도 없지만, 고환이 제일 아팠다. 한 시간 이상 기합을 받고 내무반으로 이동해 다시 취침에 들어갔다. 다시 6시에 '기상' 하는 소리에 벌떡 일어나고야 말았다. 금방 눈을 감은 것 같은데 벌써 기상이라니, 일단 침구를 정리하고 식당으로 향했다.

군인들 사이에 '군기는 식당에서'란 말이 있다. 당직 생도가 큰 소리로 말했다.

"차렷! 식사 개시!"

"감사히 먹겠습니다!"

일제히 식사를 하기 시작했다. 그런데 이상한 일이 일어났다. 한 생도가 앞에 나가서 숫자를 세는 것이었다.

"하나, 둘, 셋…"

의아해하며 식사를 하는 우리 앞에 "열"이라는 숫자를 끝으로 황당한 지시가 떨어졌다.

"동작 그만!"

일순간 식사가 중지됐다. 알고 보니 열을 셀 동안 식사를 못하면 그냥 굶는 것이었다. 그날 제대로 식사를 한 생도는 아무도 없었다. 물론 그다음 끼니부터는 열을 셀 동안 전원이 식사를 완료했다.

그다음 날은 기상과 동시에 맨발로 집합을 시켰다. 학교 외곽

늘게

에 2㎞ 도로를 새롭게 만들어 놓았는데, 채석장에서 깬 돌을 작은 주먹처럼 깔아 놓았다. 매일 아침 맨발로 그 위를 달려야 했다. 나뿐만 아니라 거의 모든 생도가 발이 얼고 발바닥에 상처를 입었다.

오늘은 도하훈련을 하는 날이다. 11월 초순 날씨로 하늘은 흐리고 바람이 부는 쌀쌀한 날씨다. 도하훈련에 대한 사전교육도 없었다. 우리는 트럭에 실려 엄청나게 큰 저수지로 이동했다. 단독 군장과 MI 소총으로 무장하고 지름 15㎝ 길이에 1.5m 정도 되는 통나무 하나씩을 받았다. 그 통나무에 의지해 단독 군장 상태로 끝이 보이지 않는 저수지를 건너는 훈련이었다.

훈련이 시작되기 전에 저수지를 다시 한 번 바라보았다. 끝이 가물가물했다. 드디어 내 차례가 되었다. 정말 들어가기 싫었지만 도하渡河하라는 명령이었다. 바람이 세게 불자 물결에 의지하고 있는 통나무가 자주 흔들렸다. 통나무를 놓치는 날에는 죽는 것이다. 물을 수없이 먹고 난 후에야 겨우 건너편에 도달했다. 어떻게 도달했는지는 나도 모른다. 단지 '하나님, 살려주십시오' 란 말만 연속으로 했을 뿐이다.

"여호와께서 내 간구를 들으셨음이여 내 기도를 받으시리로다(시 6::9)"

거인으로 살아온 군대 생활

이번 주간은 야영훈련 기간이었다. 반찬만 공급받고 밥은 개인이 해결했다. 그동안 너무 고된 훈련만 받았기 때문에 마음으로는 내심 기뻤다. 그러나 그것은 착각이었다. 구대장들은 편한 훈련을 핑계 삼아 혹독한 기합을 주었다. 밤 12시부터 기상을 시키더니 얼어 있는 골짜기에서 아침 8시까지 낮은 포복을 시켰다. 팔꿈치는 상처가 나서 피가 나오고 나중에는 진물이 나서 옷에 엉켜 얼어 붙었다. 그리고 식사 시간은 겨우 30분을 주었다.

　우리는 30분 동안에 쌀을 씻어 반합에 넣고 밥을 지었다. 다행히 싸리나무는 연기가 나지 않고 화력이 좋아 밥을 빨리 지을 수 있었다. 밥을 30분 만에 지어 먹고 다시 집합을 했다. 그런데 구대장이 또 딴지를 걸었다.

　"동작이 느리다. 내의만 입고 보리밭에 집합!"

　그러더니 얼어붙은 보리밭 위로 포복을 시켰다. 보리밭 포복은 돌이 물에 박혀 얼어 있는 골짜기 포복보다 더 어렵고 아팠다. 보리밭 포복 4시간 후에 점심 식사를 했다. 그리고 인원 점검을 했다. 그런데 한 명이 모자랐다.

　즉시 훈련은 중지되고 탈영 생도를 찾기 위해 전 인원을 동원했다. 갈만한 곳은 다 찾아봤는데도 발견할 수가 없었다. 마지막으로 동네 외곽에 자리한 방앗간에 가보았다. 거기에도 없었다. 혹시나 하고 왕겨가 떨어지는 곳에도 가보았다. 거기에도 없었

는게

다. 돌아서려는 순간 숨소리가 들렸다. 자세히 보니 탈영 생도가 왕겨가 떨어지는 곳에서 왕겨를 완전히 뒤집어쓰고 벽에 기대어 잠자고 있었다. 고통에 견디다 못해 탈영한 것이다.

그 사건 이후 훈련은 조금 부드러워졌다. 남쪽을 향한 산 밑에서 편안한 자세로 훈련에 임할 때도 있었다. 그때 구대장 한 분이 수수께끼 문제를 냈다.

"Seeing markets all saw."

문제를 맞히면 특전을 베풀겠다고 했다. 그 구대장은 중대 행정도 맡고 있었다. 나는 손바닥에 문제를 받아쓰면서 그 뜻을 곰곰이 생각했다. 한참 지난 후 내가 손을 들었다.

"볼 장 다 봤다 입니다!"

구대장은 굉장히 기뻐했다. 그는 잊지 않고 나중에 내가 의무 행정 병과로 전과하는 데 도움을 주었다. 그것은 순전한 하나님의 은혜였다.

군대 훈련 중에서도 힘들다는 유격훈련을 받기 위해 행군으로 화산분지에 도착했다. 그곳은 대구 팔공산 방향에서 포항 방향의 동해로 겨울철에 매섭게 부는 바람의 중간에 위치해 기후의 악조건을 두루 갖추고 있었다. 지형은 분지 형태로 그 속에는 냉기가 가득했다. 잠시 후 숙영지에 도착했다. 그곳은 황량한 벌판으로 갈대가 밀생한 지역이었다.

거인으로 살아온 군대 생활

각자 1인용 천막을 설치하라는 지시가 하달됐다. 흙은 단단히 얼어 있었다. 한 시간 넘게 팠지만 10㎝도 파 내려가지 못했다. 하는 수 없이 주위의 갈대를 꺾어 바닥에 깔고 그 위에 천막을 세웠다. 밤에 깊어가자 맨땅에 누워 있는 것 같은 한기를 느꼈다. 잠이 어떻게 들었는지도 모르는데, 아침 7시에 갑자기 비상이 걸렸다.

"팬티만 입고 양말과 구두 신고, 수갑 착용하고 집합!"

1㎞ 전방에 있는 낮은 산봉우리를 선착순으로 갔다오라는 명령이 떨어졌다. 거기까지는 갈대가 밀생했고 길도 없었다. 완전히 얼어 있는 갈대는 날카롭게 벼린 칼과 같이 생살을 베는 아픔을 주었다. 그러나 그 아픔도 연속되는 악전고투의 훈련이 이어지자 망각 저편으로 사라졌다. 불편함은 망각하고 은혜는 기억하는 것이 곧 행복이라는 것을 알게 하는 순간이었다. 취사시설이 없는 지역이라 40㎞ 떨어진 사관학교에서 라면을 끓여 오면 식사를 시작할 때에는 라면이 새끼손가락 정도의 두께로 불어 있었다. 그런데도 그 라면이 정말로 맛이 있었다. 훈련은 중노동에 해당하기 때문에 항상 배는 꼬르륵 소리를 내고 있었다.

공수훈련은 대개 기합으로 시작해서 기합으로 끝난다. 인간은 11m 높이에 있을 때 가장 두려움을 느낀다고 한다. 훈련장에는 높이 20m 정도의 정사각형 나무 구조물이 설치되어 있었다.

11m 정도에 외줄 타기 과정이 있고, 그 밑의 3m 하단에 단단하고 촘촘한 그물망이 처져 있었다. 하단부는 기합 장소였다. 일부는 외줄 타기를 하고 있었고, 일부는 하단부에서 '쪼그려 뛰기'란 기합을 받고 있었다.

한참 훈련을 열심히 받고 있을 때였다. 공중에서 커다란 물체가 그물망을 뚫고 낙하했다. 그리고 그 물체는 쪼그려 뛰기를 하고 있는 생도 위에 "픽" 소리를 내며 떨어졌다. 11m 높이에서 외줄 타기 훈련을 하고 있던 생도가 실수로 줄에서 떨어지면서 그 질기고 단단한 그물망을 뚫고, 기합을 받고 있던 생도의 등 위에 추락한 것이다. 떨어진 생도는 중대에서 제일 크고 몸무게도 제일 무거운 생도였다. 기합을 받고 있던 생도는 중대에서 제일 왜소했다. 사고 즉시 둘은 앰뷸런스에 실려서 통합병원으로 후송됐다. 그래도 기합을 받던 중의 사고라 정신통일이 돼서 그런지 다행히 죽지는 않았다.

훈련을 총 점검하는 종합훈련이 시작됐다. 장거리 행군을 위해 40kg의 배낭을 꾸렸다. 천리행군이 시작된 것이다. 훈련 기간은 2주일로 낮에는 훈련과 기합을 받고 밤에는 행군을 했다. 잠을 안 재운 지 일주일이 지난 후부터는 머리가 빙빙 도는 것 같은 착각에 빠지기도 했다.

2주 동안 거의 취침을 한 적이 없었다. 야간행군 도중 한 명이 넘어지면 줄지어 넘어지는 일이 연달아 생겼다. 그런데 그럴 때마다 어디에서 나타났는지도 모르게 조교들의 몽둥이가 날아왔다. 다시 정신을 차리고 행군을 하는 일이 반복됐다. 그런데 참 묘한 것이, 절벽이나 위험한 길을 갈 때는 몽둥이가 없어도 정신이 번쩍 들었다. 하나님은 인간을 심히 기묘하게 창조하셨다.

> "내가 주께 감사하옴은 나를 지으심이 심히 기묘하심이라 주께서 하시는 일이 기이함을 내 영혼이 잘 아나이다(시 139:4)"

임관 날짜가 결정됐다. 그동안의 혹독한 훈련을 상기하면서 하루라도 빨리 소위 계급장을 달고 싶었다. 졸업 10여 일을 앞두고 졸업 사정이 있다고 했다. 탈락하면 사병으로 즉시 전방행이란다. 그동안 오로지 소위 임관을 위해 수많은 지옥훈련을 견뎌왔는데 탈락이라니, 언어도단이라고 생각됐다. 그러나 현실은 엄중했다. 탈락한 220여 명이 사병으로 휴가도 없이 전방으로 명령이 나서 그 부대로 출발했다.

통과한 우리는 소위 임관 후에 10일간의 휴가를 마치고 소속 부대에 도착했다. 그 부대 위병소를 통과하는데, 누가 '충성' 구호를 붙이며 경례를 했다. 그런데 위병소 사병의 얼굴이 눈에 익었다. 알고 보니 그 사병은 지옥 같은 훈련을 같이 받은 생도였

다. 나는 전율했다. 나를 무사히 임관시켜 주신 하나님의 은혜에
감격했다.

*** ✦ ***

신고

사관학교 과정을 마치고 부대 배치를 받았다. 나는 중화기 중
대 기관총 소대장으로 보직되었다. 전입 신고를 마치자 곧바로
사격을 인솔하는 장교가 되었다. 중대원을 이끌고 사격장으로
향했다.

1970년 2월의 철원지역은 눈도 많이 왔고 바람도 거셌다. 기
온은 영하 20도로 방한모를 쓰고 겨울 점퍼를 입었지만 온몸이
얼어붙었다. 특히 손발이 꽁꽁 얼었다. 발이 시린 것은 발을 자
주 움직여 면할 수 있었지만 손이 어는 것은 대책이 없었다. 그
러나 사관학교에서 교육받을 때 장교는 사병들 앞에서 품위 없
이 손을 호주머니에 넣지 말라고 했다. 그래서 아무리 손이 시려
도 손을 호주머니에 넣지 못했다. 그 당시 군대에 보급되었던 군

71

대 장갑은 반피 수갑으로 외형은 장갑이지만 보온효과는 거의 없었다.

사격장에 도착하니 역시 많은 눈이 쌓여 있었다. 그래서 사격이 시작되기 전에 먼저 두 시간 정도 제설 작업을 실시했다. 사격 전에 하는 준비훈련을 '피알아이'라고 하는데, 그 훈련을 하고 나니 오전이 다 지나갔다. 너무 추워서 오후에는 사격 시간을 줄여서 실시했다.

하루 종일 밖에서 훈련받느라 온몸이 꽁꽁 얼어붙은 채로 부대에 들어왔다. 그리고 '빼치카'라고 불리는, 시멘트 구조물에 석탄을 때는 난로에 잠시 몸을 녹였다. 몸이 따뜻해지자 졸음이 몰려왔다. 그러나 쉴 시간이나 장소가 없었다. 긴장의 시간이 계속되자 노곤하고 멍한 상태가 되었다. 일과시간이 끝나면 장교 숙소에 가서 쉬어야겠다는 생각만 간절했다. 시계를 보니 5시가 거의 다 됐다. 그때 중대본부 서무계가 오더니 한마디를 툭 던지고 가버렸다.

"소대장님, 오늘 저녁에 회식이 있답니다."

회식이 있으면 어디에서 몇 시에 누구와 있다고 알려주어야지, 무조건 회식이 있다는 서무계가 얄미웠다. 마치 나를 신임 소위라고 얕잡아보는 것 같았다. 6시가 조금 지나 각 중대 간부들이 다 퇴근하는 시각에 맞춰 중대본부 앞으로 모이라고 했다.

회식 참석 인원은 중대장·소대장 셋·인사계 등 총 5명이었다. 중대장은 마흔이 넘었는데, 아직 중위 계급이었다. 말이 없고 차가운 성격이었다. 전입 신고 후 악수할 때에 손만 내밀고 내 손은 잡지 않았다.

보병대대에서는 대대장과 중화기 중대장만 지프차가 있었다. 정원 5명인 지프차에 운전병을 포함해 여섯 명이 타고 2㎞ 정도 떨어진 회식 장소로 이동했다. 발바닥이 차가운 것으로 보아 거기도 난방이 안 된 방이었다. 퇴기 같은 술집 마담과 아가씨 한 명이 시중을 들었다. 상이 차려지고 막걸리가 통째로 들어왔다. 참석자의 술잔은 큰 밥그릇이었다. 그런데 가만히 보니 유독 내 앞에 놓인 술잔은 술잔이라기보다는 작은 항아리에 가까울 정도로 컸다. 다른 참석자의 술잔보다는 용량이 5배는 족히 넘게 보였다.

인사계가 술을 대형 주전자에 담았다. 그것을 받은 여자들이 술잔을 채웠다. 내 술잔은 인사계가 술통을 들고 직접 따랐다. 회식이 시작되기 전에 중대장이 간결하게 한마디했다.

"오늘은 정 소위 전입을 축하하는 회식이다."

그런데 그 한마디를 얼마나 작은 소리로 말했는지, 중대장 옆에 있던 나만 간신히 들을 수 있었다. 그리고 곧이어 내게 지시를 했다.

거인으로 살아온 군대 생활

"따른 술을 마시되, 다 마실 때까지 숨을 쉬어서는 안 돼."

나는 친구 부친 회갑연에서 정종을 한 잔 마신 기억밖에는 술에 대한 경험이 없었다. 큰 잔에 따른 막걸리를 보자 강물이 넘치는 것 같은 장면이 연상됐다. 중대장의 선창으로 '위하여'라고 큰 소리로 복창을 하고 잔을 들었다. 나만 두 손으로 큰 잔을 들어 마시기 시작했다. 그러나 중간쯤 마셨을 때 그만 숨을 쉬고 말았다. 순간 무의식적으로 옆에 있는 중대장을 바라보았다.

"괜찮아, 계속 마셔."

나는 안도의 숨을 내쉬고 나머지를 다 마셨다. 그러자 인사계가 술통을 들고 나타났다. 그리고는 그 큰 술잔에 막걸리를 다시 가득 부었다. 옆의 중대장이 조금 더 큰 소리로 말했다.

"이번에는 숨을 쉬지 말고 마셔!"

이 말에 나는 다시 술잔을 들었다. 이번에는 중대장에게 보이지 않을 정도로 미세하게 숨을 쉬면서 그 술을 다 마셨다. 그러자 갑자기 사람이 둘로 보이고 앞이 빙빙 돌았다. 그리고 의식을 잃었다.

너무 추워서 일어나보니 새벽 3시였다. 군복을 입은 채 의식을 잃은 나만 혼자 두고, 회식 참석자 전원이 귀가한 것이다. 잠을 자고 아침에 가자니 침구도 없고 냉방이라, 아예 귀대하기로 결정을 했다. 부대와 술집 사이에는 헌병초소가 있었다. 헌병에 적

발되면 상급 부대에 보고된다고 했다. 그래서 무작정 도로를 따라 걸으며 헌병초소를 우회해 간신히 부대에 도착했다. 마음이 놓이니까 그제야 하나님 생각이 났다.

"저를 살려주신 하나님께 감사드립니다."

"하나님은 나를 돕는 이시며 내 생명을 붙들어주시는 이시니이다(시 54:4)"

매복

10월 초순이다. 아침저녁으로는 춥고 낮에는 쌀쌀했다. 멀리 우측에는 적의 오성산이 흉측하게 떡 버티고 있고, 좌측에는 넓은 철원평야가 눈앞에 펼쳐져 있다. 사람의 키보다 더 큰 들판의 마른 풀은 바람에 춤을 추었다.

종일 북한의 대남방송이 귀를 괴롭힌다. 그런데 어디에서 어떻게 발생했는지 모르는 불이 마른 풀에 붙었다. 그 불길은 북한군의 GP적의 침투를 사전에 경고 또는 일시적 방어를 위해서 만들어놓은 진지 주위를 날름거렸다. 어느 정도 불길이 잡혔을 때 다시 시끄러운

거인으로 살아온 군대 생활

대남방송이 시작됐다.

"남조선 개새끼 동무들이 불을 질렀다.…"

우리는 그런 소리에 반응하지 않고 매복_{적이 침투할 만한 지점을 예상, 적을 장악하기 위해 공격 태세를 갖추고 숨어 있음} 준비에 들어갔다. 얼굴에 검정색을 바르고 실탄 점검, 무전기 점검, 군장을 점검한 후 비무장지대에 투입될 시간을 기다린다. EENT_{일몰 직전 30분}, BMNT_{일출 직전 30분}에 맞춰 작전에 투입했다가 철수하면 된다.

비무장지대의 낮 풍경은 평화롭기 그지없다. 들짐승도 낮에는 거의 활동하지 않는다. 그러나 밤만 되면 딴 세상으로 변한다. 풀벌레 소리, 등에 때가 쌓여 이게 가려워서 우는 노루 소리, 능사 울음소리, 꿩 잡아먹는 살쾡이 소리, 개울가에 졸졸 흐르는 시냇물 소리, 어쩌다 적막을 깨는 총성, 북한의 대남 선전방송 등은 불협화음을 내는 관현악단의 연주와 흡사하다.

통상 작전에 임할 때는 철책 문을 기계적으로 열어주는 사병의 모습을 뒤로하고 일렬종대로 거리를 유지한다. 미리 정해진 매복지점으로 소리 없이 9명을 이끌고 지휘하기 용이한 앞에서부터 3번째 위치에서 정숙 보행으로 매복지점에 도달한다. 지점에 도착하면 사주경계를 세우고 적의 침투가 예상되는 지형에 크레모아_{지상에 설치하는 지향성 지뢰. 살상 반경이 큼}를 설치, 인원 배치를 한 다음 경계에 돌입한다. 그런데 정숙이 생명인 매복 도중에 간혹 수근거리는 소리가 들릴 때가 있다. 이렇게 훈련이 안 된 병사들을 데리고 작전을 실시한다는 것은 적의 표적이 되기 쉽고 순식간에 전멸할 수도 있다.

우리 부대는 급조된 부대였다. 대한민국 최초의 수색대대로 100일 전에 창설됐다. 특수부대 창설은 최고 정예 요원을 뽑아서 만드는 게 정설인데, 우리 대대는 각 부대에서 다루기 힘든 병사나 문제 있는 관심병사들만 모아서 만든 패잔병 부대나 다름없었다. 나도 이유가 있어서 이곳에 차출되었을 것이다. 얼핏 지나가는 말로 듣기는, 전에 보병대대에서 고사를 지낼 때 내가 돼지 머리에 절을 하지 않아서 미운털이 박혀 차출된 거라고 한다. 사실 여부는 확인하지 않았으니 정확한 이유는 나도 모른다.

창설부대 시설도 준비된 것이 없었다. 일정 구역을 지정해주면서 천막만 주고 알아서 하라는 식이었다. 마르고 단단한 땅은 파기가 힘들었지만, 다른 대책이 없으니 기온이 떨어지는 밤에 자기 위해 우리는 전력으로 파 들어갔다. 하지만 맹추위가 몰아치는 겨울밤은 빨리도 다가왔다. 30㎝ 정도 판 땅 위에 천막을 치고 그 안에 '메드로스매트리스'라고 하는 군대 요를 깔았다. 담요를 덮고 자는데도 너무 추워서 뜬 눈으로 밤을 지새웠다.

이번에는 주변 지역의 마른 갈대와 풀을 베어다가 천막 안에 넣고 군대 우의를 그 위에 덮고 서로 껴안고 잠을 잤다. 난로나

거인으로 살아온 군대 생활

어떤 보온 장구, 두툼한 방한복 하나 없이 벌벌 떨었다. 겨울이 굉장히 춥다고 알려진 철원지역에서 훈련다운 훈련도 제대로 거치지 않은 채 훈련 기간만을 겨우 채우자마자 매복 작전에 투입된 것이다. 마른 풀과 접촉하면서 철원지역의 풍토병인 유행성 출혈열에 노출되기도 했다. 매일 하루에도 2-3명의 병사가 감염돼 군국 후방병원으로 후송되었다.

본격적으로 비무장지대 매복 작전에 투입된 어느 날이었다. 나는 부대원을 이끌고 가다 불현듯 지정된 매복 지점에 무언가 있다는 생각이 일었다. 철모를 두 번 두드려 정지시키고 그 자리에서 매복에 들어갔다. EENT에서부터 BMNT까지 움직이지 않고 엎드려 경계에 임한다는 것은 매우 힘든 일이다. 그리고 BMNT가 다 돼서 철수 준비를 했다.

철수 준비를 마치고 원래 매복하려고 했던 지점에 가봤다. 그곳에서 북한 병사가 미리 와 있었다는 물증이 나왔다. 북한 선전책자와 선전 비리가 수북이 쌓여 있었다. 우리가 처음 계획한 지역에 매복을 나갔더라면, 역매복 계획한 매복지역을 적이 먼저 점령해 매우 위험에 처할 수 있는 상태을 당해 자칫 죽을 수도 있었던 상황이었다. 보이지 않는 주님의 손길이 우리를 보호해주신 것이다.

느개

긍휼

1972년 10월경이었다. 이곳 철원은 이미 단풍이 끝나고 산야는 벌써 갈색으로 변하고 있었다. 당시 나의 직책은 보병대대 인사장교였다. 대대 밖으로 나가는 사병은 반드시 나를 거치게 되어 있었다. 대대 본부와 2㎞ 떨어진 거리에 대공초소가 있었다. 대공초소는 적기의 조기 경보와 격추 임무를 맡고 있었다. 그곳은 철원평야가 훤히 내려다보이는, 와수리 동쪽 산자락이 시작되는 중요한 곳이었다.

그곳에 근무하고 있는 사병은 대대에서 성실하고 책임감 있는 병사들로 선발됐다. 비록 사병 둘이서만 근무하고 있지만, 적기가 날아오면 조기 경보와 동시에 목숨을 걸고 격추해야 하는 막중한 임무를 수행하고 있었다. 그들은 식사를 대대에서 지원받아 자체적으로 해결했다.

연대 작전처장의 대공초소 방문 계획이 하달됐고, 방문 날짜가 서서히 다가오고 있었다. 방문 시에는 비행기 격추용 중기관총의 작동 상태, 탄약 보관 상태, 진지 위장 상태, 근무환경 등을 엄격하게 점검한다. 대대 작전장교는 진지를 직접 방문해 준비상태를 확인하고 진지를 떠나면서 총기관리를 잘 해놓으라고

79

특별히 지시했다.

사고는 그 기관총에서 발생했다. 사수인 병장이 총기 손질을 확인하고자 총구 안을 들여다보는 순간에 조수인 일병이 방아쇠를 당긴 것이다. 순식간에 상상이 안 되는 상황이 발생했다. 사고 뒷수습은 인사장교 소관이었다. 사고 현장에 도착했을 때 상황은 정말 처참했다. 참혹한 주검이 있었고, 피와 살점이 사방에 널려 있었다. 즉시 대대에서 담력이 있다는 경계병 1개 분대10명를 선발해 배치했다. 그런 다음에 곧바로 시신을 수습했다. 목이 없는 시체에 응급으로 목을 만들고, 주위를 거즈와 붕대로 칭칭 감았다. 마지막으로 병장의 시신에 군복을 입혔다. 사고를 낸 조수 일병은 즉시 사단 헌병대에 구속됐다.

사망한 병장의 부모김제시 월촌 거주가 연락을 받고 도착했다. 얼굴도 볼 수 없는 자식을 본 어머니는 기절했다. 깨어난 후엔 얼굴 가득히 눈물만 고여 있었다. 아버지는 무표정한 얼굴이었지만, 슬픔을 참느라 어깨가 들썩거렸다. 부모는 대대장의 지프차를 타고 사단 헌병대로 가서 수사관을 만나 사고 내용을 들었다. 그리고 수감되어 있는 일병을 만났다.

슬픔에 찬 아버지는 사단 헌병대장에게 이렇게 말했다.

"내 아들은 이미 죽었소. 실수로 내 아들을 죽게 한 일병은 용서해 주시오."

늪게

그리고 죽은 아들의 영현 처리를 부탁하고 고향으로 내려갔다. 나는 병장 아버지의 모습 속에서 예수님의 사랑과 관용을 보았다.

"너희가 사람의 과실을 용서하면 너희 천부께서도 너희 과실을 용서하시려니와(마 6:4)"

••• ◆ •••

하얀 고무신

저격 능선은 6·25 전쟁 때 가장 치열한 전투지역인 철의 삼각지대 안에 있다. 당시 북한군의 최후 거점인 오성산으로 접근할 수 있는 국군의 주 저항선이었고, 전방에 있는 주요 지점이었다. 해발고도는 590m 정도이고, 능선의 크기는 1㎢ 정도의 장방형 무명 능선이었다. 전쟁 중에 전방의 전초진지를 차지하기 위해 공방전이 벌어졌던 곳으로 유명하며, 일주일 동안 세 차례나 고지를 뺏고 빼앗기는 공방전 끝에 국군이 완전히 확보하게 됐다고 한다. 중공군 14,867명이 사망하고, 국군 4,683명이 사망했다.

휴전선을 중심으로 북쪽 2㎞, 남쪽 2㎞ 사이 지점을 비무장지대라고 한다. 휴전선 남쪽 2㎞ 떨어진 곳으로, 동해안에서부터 서해안까지 철책으로 이어져 있다. 우리 소대는 저격 능선 후방 약 2㎞ 지점에 위치해 있었다.

우리가 맡은 주요 임무는 적의 접근을 파악해 조기 경보를 울리는 일이었으나, 요소요소에 기관총을 배치하는 방어 임무를 맡을 때도 많았다. 특히 밤에는 철책 뒤에 가까이서 보초 임무를 수행했다. 비가 오고 천둥번개가 칠 때면 지하에 철광석이 있는지 땅이 으르렁대곤 했다. 벼락이 칠 때는 철책 위에 설치한 크레모아가 폭발하는 경우도 있었다. 비가 오려고 하거나 비가 쏟아질 땐, 전방에서 노루 울음소리도 들렸다. 목 깊은 데서 흘러나오는 '흐흐흐'와 비슷한 이 노루 울음소리는, 가뜩이나 어두컴컴한 지형에서 보초를 서는 우리에게 더욱 더 음산함을 더해주었다. 반면에 능사 우는 소리는 '부웅부웅' 마치 큰 배가 떠나가면서 내는 고동소리와 같았다.

사계청소라는 게 있었다. 적들이 출현할 만한 곳의 나무나 풀이 우거져 시야를 가리면, 그걸 제거해서 전방 시야를 확보하는 작업이었다. 우선 경계병을 세우고 낫과 톱을 가지고 철책을 넘어 비무장지대 안에서 작업을 실시한다. 그 당시엔 비도 자주 왔지만 풀이 성장하는 속도는 상상을 초월했다. 제초작업을 하고

82

는개

이틀만 지나면 처음 상태로 자라나 있었다. 일정 기간은 거의 이틀에 한 번씩 제초작업을 했다. 경계 임무보다 제초작업이 주 임무가 되어 버리는 때도 있었다.

상급 부서장인 중대장이 방문한다는 연락을 받았다. 방문해서 제일 먼저 확인하는 것은 총기 상태와 사계청소 상태였다. 그래서 오전에 총기 상태를 점검하고 오후에는 경계병을 세우고 철책 앞에 수북이 자란 잡초를 제거하기 시작했다. 내 복장은 전투복에 하얀 고무신이었다. 철책 앞 지형은 북쪽으로 낮은 형태를 이루고 있었다.

이곳은 1950년 한국전쟁 때 국군·미군·연합군이 전투를 벌인 지역이다. 따라서 여러 유형으로 지뢰가 묻혀 있어, 사실상 위치 확인이 곤란한 지역이었다. 그러나 전임자로부터 지뢰가 없는 지역으로 인계받았고, 그렇게 알고 있었다.

작업을 거의 마칠 무렵이었다. 옆으로 잠깐 이동하는데 발바닥이 뜨끔했다. 내가 지뢰를 밟았다는 걸 알았다. 원래 지뢰는 매설할 때 그리스기계의 마찰력을 덜기 위해 쓰는 진득한 윤활유를 듬뿍 발라서 시간이 지나도 밟으면 폭발하게 되어 있었다. 그런데 몇십 년 동안 경사면에 물이 흐르다 보니, 그리스는 다 씻겨 나가고 지뢰 상부에 빨갛게 녹이 슬어 있었다. 다행히 고무신을 신고 있어서 지뢰가 터지지 않았고, 대신 흰 고무신을 뚫고 발을 찌른

거인으로 살아온 군대 생활

것이다. 그때 중대장은 내가 만약 군화를 신었으면 폭발했을 가능성이 훨씬 더 컸을 것이라 진단했다. 검은 고무신도 두께가 하얀 고무신의 2배 이상이라 마찬가지였을 것이다. 보이지 않는 주님의 손길이 나를 감싸 주셨다.

••◆••

하늘에서 땅을 보다

내가 근무하고 있는 병원은 들어가는 진입로만 제외하고 세 방향이 모두 강으로 둘러싸여 있었다. 천연 요새와 같은 지형이었다. 그 안에 병원 본부, 병실 내무반, 식당, 교회가 자리하고 있고, 조금 떨어진 곳에는 5m 정도 낮은 지역에 후송 중대본부_{환자를 차상급 병원으로 옮기는 임무를 맡은 앰뷸런스 중대}가 자리하고 있었다. 이곳은 강원도 한복판에 있어서 5월인데도 잔설이 내릴 때가 많고 영하 5도는 보통이었다.

나는 병원의 관리과장과 후송 중대장으로 근무하고 있었는데, 어느 날 갑자기 군종과장 겸직을 명받았다. 군종과장은 원래 군목이라고 부르는 장교 목사가 하게 되어 있었다. 한데 군목이 보충되지 않아서 아무것도 모르는 내게 군종과장 겸직 발령을 낸 것이다. 병원은 환자 신자가 많아서 군목은 꼭 있어야 하는 직책인데도 보충이 되지 않는 것이 이상했다.

군종과장에게는 특별히 다른 장교들에게 없는 50cc 오토바이가 주어졌다. 전방부대 지형이 험해서 종교활동을 위해 유일하게 지급된 기동수단이었다. 나는 오토바이에 관심은 많았지만, 천성적으로 기계 조작이 둔해서 잘 타지는 못했다. 그래도 여러 번 타보니까 미숙하지만 그럭저럭 탈 수 있게 되었다.

6월 어느 날이었다. 그날따라 바람도 없고 따뜻한 햇볕이 대지를 부드럽게 감쌌다. 점심식사 후 병원장, 행정부장, 간호부장 셋이서 병원장실 앞에 있는 국기게양대 아래서 담소를 나누고 있었다. 식당에서 내려오는데, 세 사람이 껄껄 웃는 소리가 들렸다. 그 순간 내게 똘기가 발동했다. 병원 제일 높은 분 앞에서 오토바이 타는 실력을 보여주고 싶다는 생각이 들었다. 오토바이를 전속력으로 몰고 세 사람 앞을 지나갔다. 그러나 천천히 다니면서 브레이크를 밟아 본 경험은 있지만, 전속력으로 갈 때 브레이크를 밟아 본 적이 없었다. 순식간에 내가 탄 오토바이는 5m 아래에 있는 후송 중대본부 지붕 위를 날아가고 있었다.

후송 중대 건물은 함석이라 하는 양철 지붕으로 돼 있고, 내부 시설은 적당히 시설 공사를 해서 중대본부로 사용하고 있었다.

거인으로 살아온 군대 생활

나는 한 번도 지붕 위의 형태가 어떻게 생겼는지 생각해 본 적이 없었다. 가끔 소나기가 올 때면 요란한 소리가 난다는 것만 기억하고 있었다. 그랬던 내가 지붕 위를 오토바이로 날면서 후송중대 지붕이 빨갛게 녹이 슬었다는 것과 이제 나는 죽었다는 것만 순식간에 느꼈다. 순간 기절했다가 눈을 떴다. 나는 죽지 않았고, 다만 신고 있는 군화 한 짝만 찢어져 있었다.

오토바이도 놀랐는지 제풀에 시동이 꺼져버렸고, 나는 먼지투성이가 된 채 있는 힘을 다해 한 손으로 오토바이를 잡은 채 누워 있었다.

'살았군! 살았군! 살았어! 주님, 감사합니다.'

••• ◆ •••

쐐기

1976년 12월, 강원도 현리의 102 야전병원에서 일어난 일이다. 병원에 난방을 제공하는 보일러가 고장이 났다. 그래서 난방 시설을 관장하는 군수과장이 병실에 경유 난로를 설치했다. 우선 응급조치는 취했지만 다음 문제가 기다리고 있었다. 설치된 경유 난로의 경유가 얼어버려 난롯불이 꺼져버린 것이다.

이런 상황을 타개할 방법은 두 가지가 있었다. 먼저 경유통을 실외에서 병실 내로 이전하는 방법이었다. 이런 경우 경유 냄새가 병실 전체에 퍼져 숨쉬기가 곤란하다는 단점이 있었다. 또 화재 위험이 도사리고 있었고, 보일러와 달리 15도 이상 올라가지 않았다. 다른 하나는 지원시설로 보일러 수리를 의뢰하는 방법이었다. 전문은 진즉 띄웠지만 소식이 없었다. 직접 몸으로 뛰는 수밖에 없었다. 즉, 강릉에 있는 군 지대에 찾아가 긴급성을 설명하고 읍소하는 수밖에 없었다.

현지에서 강릉까지 가자면 '속사리'라는 높은 고개를 넘어야 했다. 근무 기간 2년 동안 나는 한 번도 이 고개를 넘은 적이 없었다. "나는 공산당이 싫어요"라고 말했다던 이영복 학생이 북한 무장간첩에게 살해됐던 마을이 속사리 고개에 가기 전 좌측 산간 마을이었다고 한다.

군수과장인 권 소령이 내게 군 지대에 같이 가자고 했다. 평소에 서로 친했고 내가 병원 차량 전부를 관리하고 있으니 그런 것 같았다. 군의 지프차는 선임자가 조수석에 타도록 규정되어 있었다. 그래서 군수과장이 조수석에 타고, 나는 뒷좌석에 앉았다. 날씨는 흐리고 몹시 추웠다. 길은 비포장도로로 가끔 차가 흔들렸다. 속사리 고개를 지나는 도로는 높은 산을 칼로 자른 듯, 좌측은 높은 산으로 연결돼 있고 우측은 50m가 넘는 절벽이

거인으로 살아온 군대 생활

었다.

속사리 고개에 올라섰다. 그곳에는 싸락눈이 도로를 덮고 있었다. 싸락눈 지역을 지날 때 도로 바닥이 미끄럽다는 것을 감지했다. 순간 속도를 줄이고 서행했다. 그런데 갑자기 차가 절벽 쪽으로 밀려나기 시작했다. 좌측 높은 산에서 흘러내린 물이 찬 기온으로 인해 얼어 있었고, 그 위에 싸락눈까지 덮여 완전히 빙판이 된 것이다. 차는 점점 절벽 쪽을 향해 움직이고 있었다. 무의식적으로 운전병에게 소리쳤다.

"브레이크 밟지 마! 군수과장님, 내리십시오."

군수과장이 내렸다.

"안 운전병, 자네도 조심해서 내려!"

두 사람이 내리고 차 속에는 나만 남았다. 간이 콩알만 해졌다. 차는 절벽 쪽으로 서서히 움직이더니 갑자기 멈춰 섰다. 차가 움직이지 않자, 나도 숨을 멈춘 채 운전석 쪽으로 내렸다. 차에서 내려 어떻게 지프차가 정차했는지 살펴보았다. 눈 속에 작은 돌 하나가 보였다. 도로변에 있던 자갈에 물이 흘러 어는 바람에 아주 단단한 쐐기가 되어 차를 멈추게 한 것이다.

"주님, 감사합니다."

늪개

보온밥통

　1982년 11월이었다. 그해는 유난히 추웠다. 초겨울인데도 두 툼한 군대 점퍼를 입었다. 그런데도 추워서 견딜 수가 없었다. 콘센트_{철판을 구부려 만든 건물로 2차 대전 때 미군들이 처음 사용함} 막사는 고물 냉장고 내부와 같아서, 겨울에는 외부 온도와 별 차이가 없 었다. 반면 여름에는 무척 더웠다.

　그날도 콘센트 내부는 곳곳에서 찬바람이 들어와 냉기에 휩싸 였다. 조그마한 조개탄_{어린애 주먹만 한 가공 석탄덩어리}난로가 유일 하게 열을 품고 있었다. 하지만 난로 주위만 조금 온기가 있을 뿐이었다.

　이틀 후면 상급 부대에서 검열이 나올 예정이었다. 통상 검열 내용은 장부 재고와 현 재고의 일치 여부를 확인하는 것이었다. 그리고 소모품을 적절한 용도에 사용했는지, 장비 정비사항 등 을 둘러싼 점검을 실시하는 것이었다.

　우리 군수과는 소령인 군수과장, 중위, 상사, 중사, 사병 4명으 로 구성돼 있었다. 군 병원 운영에 필요한 물자를 제공하고 장비 정비업무를 수행했다. 그날 과장인 내가 할 일은 과원들이 준비 한 서류를 최종 점검하고 잘못된 부분을 지적하고, 다시 서류를 작성하게 하는 일이었다. 그러나 밤 11시가 넘어가자 슬슬 졸음이 몰려오기 시작했다. 나도 모르게 난로 옆에 놓인 군용 침대에 누웠다.

선잠이 든 그 순간, 나는 죽어 있는 나를 보았다. 내가 관 속에 반듯하게 누워 있었다. 그리고 관 주위에 군수과 요원들이 군복 대신 사복을 입고 관 속에 누워 있는 나를 보고 있었다. 자세히 보니 젊은 군수과 사병들은 머리를 기르고 검은 양복을 입고 있었다. 어엿한 중년 남성이었다. 또 많은 사람이 조문을 와서 관 주위에 빼곡하게 둘러서 있었다.

바로 그때였다. 육십이 넘어 보이는 흰옷 입은 여인이 나타나더니, 어떤 옷을 휘두르며 소리를 질렀다.

"안 돼! 안 돼!"

그러더니 순식간에 여인은 사라지고 보이지 않았다. 나는 잠에서 깨어났다. 온몸이 얼음장처럼 차가웠고, 머리는 깨질 듯이 아팠다. 차가운 몸은 두 시간 정도 난롯불을 쬐고야 회복됐다. 며칠 후 일요일, 서울에 있는 모친께 가서 내가 겪었던 일을 들려드렸다.

"어머니! 혹시 목요일 밤에 무슨 꿈을 꾼 적 있습니까?"

"그러고 보니, 그날 나도 이상한 꿈을 꾸었다. 저 보온밥통에 불이 나서 벽에 걸려 있는 옷을 가지고 겨우 불을 껐다."

나는 많은 돈은 아니지만 매달 생활비를 모친께 드렸다. 나는 모친의 '보온밥통'이었던 것이다.

손님 접대용 야생 오리

1990년 12월, 해남에 있는 후배가 어릴 때 살았던 집을 같이 방문한 적이 있다. 목포 방조제를 막기 전에는 서해안과 연결됐었다는, 호수같이 강폭이 넓은 곳이었다. 민물과 바닷물이 교차하는 곳이라, 물고기들이 많아 이를 보고 찾아온 철새들의 낙원이었다. 지금은 간척지로 개간돼 드넓은 벌판을 이루고 있지만, 그 당시는 바다와 논과 밭 그리고 산이 어우러져 절경 속의 한 장면이었다.

폭이 좁은 길을 돌아 후배의 할아버지가 사는 동네에 진입했다. 그곳은 집이 10여 채 정도 되는 순전한 농가 마을이었다. 도로가 넓은 집 앞에 차를 세우고 집에 들어섰다. 집에 들어서자 좌측 입구에 10여 마리가 들어갈 수 있는 오리 축사가 눈에 띄었다. 오리들이 먼저 오리 특유의 소리로 우리를 맞이해 주었다.

우리를 반갑게 맞이하는 할아버지와 할머니께 큰 절로 인사를 드렸다. 그리고 후배가 선물로 준비하라고 말한 포장한 소주를 드렸다. 할머니는 부엌에 가서 저녁을 준비하시고, 할아버지와 나는 세상 돌아가는 이야기를 거의 한 시간 넘게 하고 있었다. 할아버지가 방에서 나가자 동시에 소란스러운 오리 소리가 들린 후 잠잠해졌다.

그런데 저녁 8시가 다 되었는데도 저녁 식사가 나오지 않았다. 그리고 한참 후에 저녁 밥상이 들어왔다. 반찬은 김치와 나물 세 가지, 그리고 오리탕이었다. 배고픈 시각에 들어온 식사는 꿀맛이었다.

식사를 마치고 후배와 둘이서 시골에 관한 이야기를 했다. 할아버지는 순전한 농사꾼이셨다. 그리고 강과 바다가 겹치는 이곳에서 생선과 해초 등을 조달하며 사셨다. 그리고 오리들이 날아오는 초겨울에는 오리고기를 안주 삼아 막걸리를 즐겨 마셨다. 집에서 키우는 오리는 사료를 주지 않는다고 했다. 아침에 오리 축사 문을 열어놓으면, 종일 하천에 나가 갯지렁이·조개·치어 등을 잡아먹고 저녁이면 자동으로 집에 들어와서 알과 고기로 주인을 즐겁게 하고 있었다. 그뿐 아니라 오리들이 들어올 때 가끔 길 잃은 야생 오리를 데리고 들어올 때가 있다고 했다. 그러면 할아버지는 야생 오리를 정확히 식별해 그것을 안주로 술을 마시곤 했다고 한다.

알고 보니 우리가 갔던 그날도 손님 접대용 야생 오리가 저절로 들어온 날이었다. 하나님의 일반 은총은 온 천지를 싸고도 남음이 있다.

••••◆••••

훈 련

대부분의 사람은 의무부대에 근무하면 쉽고 편하다는 인식을 가지고 있다. 그러나 전쟁이 발발하면 사정이 달라진다. 공격 상황에선 최전방에서 사상자가 가장 많이 발생하므로, 의무부대가 최전방에 접근해 환자 처치 및 후송을 해야 하고, 후퇴 시에도 부대와 함께 철수하면서 환자 처치 및 후송을 해야 한다. 그래서 의무부대는 항상 기동성을 확보하고 의무 주특기 훈련, 보병 기본 훈련 등과 체력관리에 최선을 다해야 한다.

의무부대는 전투부대 지원이 주된 임무지만, 자체 경계·훈련·취사 등 독립적인 부대 역할도 수행해야 한다. 그래서 의무부대 장병들에게는 더욱더 가혹한 훈련이 요구되는 것이다. 그러나 실제는 그렇지가 않았다. 사회 특기를 가진 위생병은 50% 정도뿐이었다. 거기에다 보병훈련도 해야 하니, 많은 교육훈련

93

이 요구됐다. 특히 사단급 의무부대는 응급처치가 가장 중요하다. 응급처치 후에 후방 국군병원으로 후송돼 그곳에서 본격적인 진료를 받기 때문에 초반 응급처치는 정말 중요했다.

불시에 미군 2사단의 의무 근무 대장인 클레멘츠 중령이 우리 의무근무대를 방문했다. 그는 의무근무대 사병들의 응급처치 능력을 보고 싶다고 했다. 나는 위생병들을 전부 집합시키고, 응급처치 시범을 보일 위생병들을 직접 선발하도록 했다. 그랬더니 위생병들을 둘로 나눠 한쪽은 위생병, 다른 한쪽은 환자 역할을 하라고 했다. 그러면서 두부 손상 등 응급처치 능력을 테스트하도록 했다. 두부 손상은 응급처치 시 5분 안에 붕대와 삼각건으로 처치하도록 규정돼 있었다.

클레멘츠 중령이 직접 시간을 체크했다. 우리 의무근무대 위생병들이 응급처치를 하는 데 걸린 시간은 1분 30초였다. 그는 붕대 맨 부분에 직접 손가락을 넣어 결박 상태를 꼼꼼히 확인했다. 잘 처치된 상태를 확인한 후에 그는 한마디를 남기고 우리 부대를 떠났다.

"세계 제일의 의무부대!"

군대에서는 매년 ATT라고 하는 부대 시험을 치른다. 그 결과가 진급에 영향을 미치기 때문에 지휘관들은 사활을 걸고 준비에 임한다. 사단 직할부대는 수색대대·통신대대·공병대대 등 전투병과와 병참, 병기, 헌병, 의무 등 지원부대로 총 13개 부대가 있다. 측정 내용은 보병의 각개전투, 수류탄 투척, 총검술, 태권도 등 7개 과목과 행정업무를 점검하는 것이다.

우리 의무근무대는 주간에는 환자관리, 밤에는 훈련을 하면서도 내가 재임하던 2년 동안, 두 번 다 사단 직할대 부대 시험에서 1등을 차지했다. 간부들과 병사들의 노고가 결실을 맺었다고 생각된다. 의무근무대 전원을 태권도 유단자로 만들기 위해 밤에 앰뷸런스의 헤드라이트를 켜놓고 연습을 시켰다. 그 결과 군의관들을 제외한 장교·사관·사병 전원을 태권도 유단자로 만들 수 있었다. 의무근무대 전원을 훈련으로 정예화한 것이다. 이러한 경험은 우리집 막내딸 다은이가 태권도 4단 자격을 취득하는 데 중대한 계기가 되었다.

한방병원

1982년 ○○사단 의무근무대 대장으로 명령을 받았다. ○○사단은 훈련사단이었다. 계속된 훈련으로 장병들은 허리, 다리, 팔 등 많은 부분이 삐걱거렸다. 그래서 정형외과 소견으로 의무근무대에 입실해 치료를 받고 있었다. 환자가 넘치자 의무근무대는 위생병의 취사를 지원하지 않을 수 없었다. 입실환자 대부분은 몸의 일부만 삐어 있어서, 특별히 하는 일이 없고 시간은 여유가 있어 먹는 것을 더욱 탐했다. 결국 변소는 넘치고 위생 상태는 엉망진창이 되었다. 그 당시 인분은 땅을 파서 매몰·처리하였기 때문에, 운반과 처리에 많은 인력이 소요되었다. 환자가 많이 발생하면 시설과 인력이 급격히 증가하여 부대에 큰 어려움을 주었다. 그렇다고 훈련사단의 훈련을 멈출 수도 없었다.

어떻게 하면 입실환자를 조기 퇴실시킬까 하고 여러 가지 가능성을 가지고 생각했다. 선배들의 조언도 구했지만 특별한 방법이 없었다. 통상 다리를 삔 환자는 15일 이상 치료해야 완치가 됐다. 마침 그때 휴가에서 복귀한 사병에게서 휴가 도중 발을 삐었는데 침을 맞고 나았다는 얘기를 들었다. 게다가 침을 맞는 동시에 한의원에서 걸어 나왔다고 했다.

'그렇다. 힘들지만 한방병원을 한번 만들어보자.'

마침 부대 안에 7평쯤 되는 빈 막사가 있었다. 그렇지만 한의사가 문제였다. 상급 부대에 건의해서 경희대 출신 한의사와 원광대 출신 한의사 2명을 초빙하도록 허락받았다. 그러나 그게 끝이 아니었다. 한방 치료기구인 침, 양도락기, 찜질 도구 등이 필요했다. 전입 온 한의사의 말을 듣고 청량리 부근에 있다는 서울시 한의사협회를 찾아갔다. 그 당시 서울시 한의사협회 회장은 유명한 최춘근 박사였다. 자초지종을 말씀드렸더니, 사단 의무근무대를 방문해보고 지원하겠다고 했다. 곧바로 사단 의무근무대를 방문한 최춘근 박사는 다수의 한방 의료기기와 간단한 한방 약품을 무료로 지원해주었다. 그 후에도 2년 동안 지속적으로 지원해주신, 내게는 더없이 고마운 분이셨다.

드디어 의무근무대 안에 어엿한 한방병원이 개설됐다. 그래서 훈련 중에 다친 장병들과 군인 가족 그리고 대민 진료까지 한방 지원을 강화할 수 있는 원동력이 됐다. 의무근무대는 많은 환자 수용으로 인한 고충을 한방병원 개설로 일시에 해결하게 됐다.

·· ◆ ··

팀 스피리트

팀 스피리트 훈련이 시작됐다. 우리 의무근무대는 의정부 북부 주둔지에서 충주 부근 남한강 유역까지 중무장하고 앰뷸런스와 일반 장비 적재 트럭과 함께 행군했다. 그때였다. 갑자기 사병 한 명이 배를 움켜쥐고 심한 통증을 호소하며 나뒹굴었다. 행군 도중이었기 때문에 즉각 휴식을 선포하고 군의관과 함께 환자가 있는 곳으로 가보았다. 군의관들 중에는 서울대학 의대 출신 전문의가 2명이나 있었다. 그들은 틀림없는 맹장이라고 진단했다. 환자는 땀을 뻘뻘 흘리며 신음하고 있었다.

그때 불현듯 하나님께서 지혜를 주셨다. 즉시 선임 부사관을 불렀다.

"저기 산자락 은폐된 곳에 이 사병을 데리고 가서 대변을 보게 편안한 환경을 조성해주세요."

지시한 지 10여 분이 지난 후에 그 사병이 나타났다. 고통이 사라진 얼굴로 어색한 미소를 띤 채 허공을 바라보고 있었다. 고통의 원인이 된 대변을 시원하게 쏟아버렸기 때문이었다.

주둔지인 남한강 어느 샛강 둔치에 도착했다. 미리 선발대를 보내서 주둔지 경계 및 진료소 천막과 지휘소 천막을 설치하도록 했다. 땅거미가 완전히 진 후에 본진이 도착했다. 경계를 강화하고 진료실 천막을 우선 점검해 환자 처치 및 치료 준비 상태를 점검했다. 그리고 교대로 식사를 하게 한 후에 사병들은 2인용 천막을 설치해 취침하도록 했다. 간부들을 소집해 주의사항을 하달한 후에 명일 작전의 주요 개요를 교육했다.

다음 날 오전에 사단작전 회의에 참석한 후 우리 의무근무대도 사단 작전 계획에 따라 의무지원 계획을 수립했다. 지원 계획 수립 시 예비대 운용을 중요하게 계획했다. 저녁 7시에 의무근무대 작전 회의를 소집했다. 참석 대상은 의무근무대장·작전 장교·인사계·군의관·관련 부사관·연대 의무중대장이었다. 저녁 7시 전에 ○○연대 의무중대장만 불참하고 전원 참석했다. 밤에 이동해야 하기 때문에 ○○연대 의무중대장만 제외하고 작전 회의를 진행한 후에 중요성을 재차 강조하고 회의를 끝냈다.

그리고 ○○연대 의무중대에 계속 전화를 했다. 그러나 그곳에서는 의무중대장이 사단의무대로 출발했다는 말만 계속할 뿐이었다. 화가 부글부글 끓었다. 참다 못해 부대 지프차로 ○○부대 의무중대로 달려갔다.

그곳에 도착해서 확인해보니, 의무중대장을 포함한 군의관들이 포커놀음을 하고 있었다. 당황한 연대 의무중대장을 발로 차서 넘어뜨린 후에 모가지를 밟았다. 그는 안경도 착용하고 있었는데 지근지근 밟았다. 물론 나중에 그 사건 때문에 나도 혼쭐이 났다.

남한강 하늘은 맑았다. 하늘은 보석을 뿌려놓은 듯 아름다웠다. 어제 있었던 그 일 때문에 마음이 편치 않고, 여러 가지 생각에 마음이 혼란스러웠다.

'이 작은 일에도 마음이 상하는데, 이순신 장군은 혼자서 얼마나 많은 근심과 걱정으로 임진란을 치르셨을까? 막강한 왜군, 보잘것없는 우리 군사, 당파 싸움을 하는 조정, 힘없는 백성 등 너

기인으로 살아온 군대 생활

무너무 힘드셨겠다.'

　나는 25년 동안의 군대 생활에서 많은 시행착오와 실패와 좌절을 겪었다. 그러나 2년 동안의 사단 의무근무대장 시절은 유일하게 보람된 생활도 많았고 칭찬도 많이 받았다. 의무근무대 안에 한방병원을 만들어 장병들의 진료에도 공헌했다.

　"의무근무대장 같은 놈 세 명만 있어도 정말 다리 뻗고 잘 수 있겠다."

　사단장이 그렇게 말해줄 때 나는 정말 감격했다. 미 2사단 의무근무대장인 클레멘츠 중령이 '세계 제일의 의무부대'라고 칭찬하고 부대를 떠났을 때는 '내가 정말 잘했나?' 하는 마음에 우쭐해지기도 했다. 또한 사단 직할대 부대 시험에서 2년 연속 1등을 했을 때는 교만한 마음도 생겼다. 의무근무대 장병 전원을 태권도 유단자로 만들었을 땐 내가 대단한 능력이 있는 것으로 착각하기도 했다.

　지금 와서 생각해보면, 내가 잘나거나 잘해서 이룬 것은 한 가지도 없다. 어떤 사람들은 우연이라고 말하지만, 우리 기독교에서 우연이란 없다. 반드시 성령님의 역사하심으로 우리를 옳은 길과 좋은 길로 인도하시고 동행하시기 때문에 선한 역사가 일어난 것이다.

는게

남은 생애 동안만이라도 교만을 버리고, 더 겸손하게 하나님을 믿고 의지하며, 항상 은혜를 감사함으로 살아가는 목회자가 되겠다고 다짐해 본다.

"여호와를 찬송할지어다 견고한 성에서 그의 놀라운 사랑을 내게 보이셨도다(시 31:21)"

* * * ✦ * * *

의리의 사나이라고?

○○통합병원에서 본부 중대장으로 근무할 때였다. 본부 중대는 사병 220명, 방위병 330명 그리고 다수의 부사관으로 구성돼 있었다. 그 통합병원은 군에서 가장 큰 병원으로서 전방에 있는 야전병원과 후송병원의 중환자를 최종 치료하는 막중한 임무를 수행하고 있었다. 따라서 많은 조직과 장비 및 시설관리 요원이 필요했다.

본부 중대장은 600여 명 병력의 훈련과 조직관리 및 경계와 취사 등을 책임지는 부대의 중요한 관리자였다. 그뿐 아니라, 병원의 복지시설인 장교식당·참모식당·간부 이발소·자판기·구내매점 등에서 발생하는 금전관리도 담당해야 했다. 따라서 본부 중대장은 구조적으로 과중한 업무량에 시달렸다.

매일 새벽 4시 30분이 되면 병원 지프차가 군인 아파트 앞에 도착한다. 용산시장에서 청과물을 차에 싣고, 노량진 수산시장에서 생선을 구입해 병원에 도착하면 새벽 5시 30분이 된다. 그때부터 하루의 일과가 개시된다. 사 온 식자재를 장교식당 주방장에게 맡기면 식당일이 시작된다. 그리고 나는 병원 외곽 초소 순찰을 한다. 30분 정도를 순찰한 후에 중대본부에 들어가서 당직사관으로부터 간밤에 발생한 사건 사고에 대한 보고를 받는다. 아침 식사를 마치고 복지시설 해당 책임자들의 보고를 받는다. 그리고 중대 인사계와 하루 계획을 논의한다. 오후에는 병원 31개 과를 순시한다. 순시 목적은 사병들의 근무 자세를 확인하기 위해서다. 이렇게 하루가 쏜살같이 지나간다.

1981년 12월 그날도 점심 식사 후에 중대장실에서 나른한 몸을 의자에 기댄 채 쉬고 있을 때였다. 갑자기 검은색 승용차 한 대가 중대본부 앞에 들이닥쳤다. 국방부 범죄수사단 수사관들이었다. 그들은 서류와 서랍 속에 있는 모든 물건을 압수했다. 물론 영장은 아예 없었다. 그리고 압수 서류와 함께 나를 승용차에 태웠다. 내가 범죄수사단에 연행된 것이다.

사고의 발단은 행정부장인 이 대령과 그 병원에서 오랫동안 기득권을 누리며 근무해왔던 고참 부사관들과의 세력 다툼에서 시작됐다. 신임 행정부장은 기득권과 특권을 누리던 고참 부사관들을 위계질서 안으로 끌어들이려 했다. 이에 반발해 안하무인격인 노련한 부사관들은 부대의 조직과 돈을 운용하고 있으면서 행정부장의 직속인 나를 건드린 것이었다. 고래 싸움에 새우 등 터진 꼴이었다.

일단 범죄수사단의 강압적인 분위기 속에서 기본적인 조서를 작성했다. 그런 뒤 복장을 갈아입었다. 명찰도 없고, 계급장도 없으며, 자살 도구로 사용할까 봐 군복 하의에는 혁대도 없었다. 나는 지하 감방으로 옮겨졌다. 수사관은 "이 방이 정승화 육군참모총장이 심문받던 장소"라고 힘주어 말했다. 또 이곳에 들어와서 불지 않은 놈이 없다면서 은근히 협박조로 겁을 주었다.

감방 안은 천장에 하얀 형광등 하나만 켜져 있었다. 바닥은 차가운 시멘트였다. 사방 벽은 구멍이 뚫려 있는 석고보드였다. 그 구멍을 통해 사방에서 감시하는 느낌을 받았다. 중앙에는 간단한 책상과 의지가 을씨년스럽게 놓여 있었다. 전체적으로 음산한 분위기였다.

정적이 감도는 고요한 독방에서 혼자만의 사색에 잠겼다. 그동안 살아온 군대 생활이 주마등처럼 머릿속을 스치고 지나갔다.

기인으로 살아온 군대 생활

'앞으로 이 사건이 문제가 돼 제대하게 되면 나는 어떻게 살 것인가. 여러 가지 상황이 나를 가리키고 있는데, 본격적인 수사를 받을 때 나는 어떤 행동을 취해야 하나? 금전적인 관계로 연관된 사람을 대라고 고문하면 어떻게 할 것인가? 어느 정도까지 연관 관계를 말해야 할까?'

이런저런 상황을 그려보며 나는 생각에 생각을 거듭했다. 한데 그럴수록 헷갈리고 머리만 아팠다. 이곳 지하실 독방에서 나를 도우시고 꺼내주실 분은 오직 하나님 한 분밖에는 아무도 없었다.

"하나님 아버지, 저를 도와주십시오."

간절히 기도했다. 환경과 조건이 기도할 수밖에 없었다.

"너의 행사를 여호와께 맡기라 네가 경영하는 것이 이루어지리라(잠언 16:3)"라는 하나님의 응답을 받았다. 그 후부터 나는 담대해졌다. 잠도 안 재우고 쇠파이프로 맞기도 했지만, 내 신념은 변하지 않았다.

"모든 잘못은 나에게 있습니다. 처벌받겠습니다."

나는 수사관에게 일관되게 진술했다. 나는 3박 4일 동안 구금 조사 후 풀려났다. 내가 수사 종결 후 석방됐다는 소리에 병원에서 관계자들 5명이 기다리고 있었다. 행정부장실에 들어갔다. 그곳에는 책상에 두부 한 모와 간장이 놓여 있었다. 다시 감방에

안 가려면 먹어야 한다고 했다. 말도 안 되는 소리지만 관행이라고 했다.

나는 다시 한 번 하나님께 감사 기도를 드렸다. 그 이후로 내게는 '의리의 사나이'란 닉네임이 붙었다. 다른 사람을 물고 들어가지 않고 모든 책임을 혼자서 감당했다고 붙인 것이었다.

거인으로 살아온 군대 생활

3

광야를 지나며

그날

1992년 11월 9일, 그날은 유난히 흐리고 쌀쌀했다. 새벽 5시에 집을 나와 나는 국군광주병원으로, 아내는 국군진해병원 근무지로 향했다. 대전 시가지를 지나 대전IC에서 아내는 경부고속도로 하행선으로, 나는 반대편 상행선으로 들어섰다. 하지만 그것이 우리 부부의 마지막 길이 되고 말았다.

오전 7시경 나는 경부고속도로에서 호남선으로 방향을 바꿔 국군광주병원에 도착했다. 운행 중 무어라 말할 수 없는 불안감이 엄습했다. 날씨의 영향도 있었지만 평상시보다 운행시간이 30분 정도 더 걸렸다. 병원에 도착한 후에 아침 회의가 있었고, 결재를 기다리는 과장들이 대기하고 있었다.

결재를 마치고 10시경 커피 한 잔을 마시고 있을 때였다. 국방부에 근무하는 김혜성 중령에게서 전화가 왔다.

"부장님. 놀라지 마십시오. 박 중령이 교통사고를 당해 대구 가야병원에 입원했는데 중상이랍니다.…"

순간 아내가 크게 잘못됐다는 생각이 뇌리를 스치고 지나갔

109

다. 5분 정도의 시간이 흐른 후 이번에는 국군진해병원 감독장교로부터, 간호부장인 아내가 대구 가야병원 영안실에 안치돼 있다는 연락을 받았다.

갑자기 심장이 멈추는 것 같았다. 사막 한 켠에 버려지거나 모래 구릉 위에 홀로 서 있다는 착각이 일었다. 냉수를 연거푸 마셨다. 마음속으로 냉철해야 한다는 다짐을 했다. 에픽피테스라는 현자는 "인간은 일어난 사실로 인해 괴로움을 당하는 것이 아니라, 그 사실에 대한 자기의 의견으로 말미암아 고통을 당한다"고 말했다.

우선 사고 지역인 대구로 갈 차량과 당장 소요되는 현금을 준비시켰다. 차량이 올라왔다는 당번병의 말에 벌떡 일어나서 점퍼를 입고 밖으로 나왔다. 차에 탔지만 아무 생각도 나지 않았다. 나는 물기 하나 없이 바람에 불려가는 구름 같았다.

아내를 잃은 슬픔 가운데서 나도 모르게 갑자기 두 딸이 눈에 떠올랐다. 부부가 군대 생활을 하느라 제대로 돌보지도 못했는데, 갑자기 큰 기둥이 넘어진 것이었다. 큰딸은 유난히 개성이 강해 더욱 걱정이 되었다. 중학교 3학년인 큰딸, 초등학교 4학년인 작은딸. 둘 다 사춘기에 접어드는 민감한 시기가 아닌가? 그동안 아내를 잃고 폐인이 된 사람을 많이 보아왔다. 그러나 낙망을 하고 있을 시간이 없었다.

'내 뒤에는 나를 지켜주시는 예수님이 계신다. 그분을 전적으로 믿고 의지하자. 그분은 불행을 감사와 기쁨으로 바꿔주시는 능력 있는 분이시다. 모든 문제를 주님께 맡기고, 내 생각에 빠져 허우적거리거나 고통을 배가시키는 일이 없어야겠다.'

"너희 염려를 다 주께 맡기라 이는 그가 너희를 돌보심이라(벧전 5:7)"

대구 가야병원에 도착했다. 아내는 이미 싸늘한 주검으로 변해 있었다. 국군대구병원과 국군군의학교 장교들이 많이 나와 있었고, 조화 여러 개가 영안실에서 떨고 있었다. 날씨는 더욱더 추워지고 있었다. 그래서 무엇보다 영현 처리가 급선무였다. 대구는 집이 있는 대전과는 너무 멀었다. 의무사령관에게 보고해 국군대전병원으로 옮기도록 허락을 받았다. 국군대구병원에서 앰뷸런스를 지원받아 죽은 아내를 눕힌 후에 국군대전병원이 있는 조치원을 향해 달렸다. 차 안은 냉장고처럼 차가웠다.

나는 아내의 손을 잡고 기도했다.

'전지전능하신 하나님, 아내를 살려주십시오. 죽은 나사로도 살리셨지 않습니까?'

내 믿음이 부족해서 그런가 생각되어 더욱 간절하게 기도드렸다.

강아를 지나머

추풍령에 와서는 굵은 눈송이가 사정없이 내리기 시작했다. 나는 앰뷸런스 안에서 심한 추위와 고독감과 배고픔에 놓여 있었다. 새벽부터 식사도 제대로 못하고, 큰 충격을 받은 상태에서 모든 것을 혼자 결정해야만 했다. 이성으로는 믿어지지 않으나, 그런 상태가 되자 몸은 극도로 피로해지면서 심지어 졸음까지 왔다. 나도 나를 이해할 수 없었다.

아직도 아내의 손목은 따뜻해서 죽은 사람처럼 느껴지지가 않았다. 생전에도 항상 나를 따뜻하게 대했던 아내였지만, 주검이 되어서도 차갑게 언 내 몸에 온기를 공급하고 있었다. 아내가 꼭 살아 있는 것처럼 생각됐다.

문득 아내를 처음 만났을 때가 떠올랐다.

1975년 ○○야전병원으로 부대 이동 명령을 받아 이동했다. 마침 병원 내 교회에 군목군대 목사이 미보직 상태여서 내가 겸무 보직으로 군목 업무를 맡게 되었다. 첫 주일 예배가 끝나고 병원 기독장교들이 모여 차茶를 나누게 되었다. 그 가운데 간호장교인 박○○ 중위가 눈에 쏙 들어왔다. 박 중위도 나를 남다른 시선으로 바라보는 것 같았다. 서로 호감을 갖게 된 우리는 한 병원에 근무하며 자연스럽게 사귀게 되었고, 동료들의 시샘과 응원 속에 부부의 연을 맺었다. 결혼 후엔 각자 다른 부대에서 근무할 때가 많았다.

두 딸을 낳고 가정적으로 힘든 일도 많았지만, 우리는 행복했고 아내와 나 사이는 평화로웠다. 그럴 수 있었던 것은 한 번도 큰 소리를 내거나 싫은 내색을 한 적이 없는 아내의 온화하고 겸손한 성품 덕분이었다. 남을 나쁘게 말하거나 함부로 대하는 걸 한 번도 보질 못했다.

"세상천지에 네 아내 같은 사람은 없다. 박물관에나 가면 모를까. 네가 처복妻福 하나는 타고났지."

나의 오랜 절친인 고재형은 내게 자주 이렇게 말하곤 했다. 남편과 자녀들을 끔찍이 위하며 언제 봐도 성정이 단정한 것을 두고 하는 말이었다. 그렇게 빨리 갈 줄 알았더라면, 살아 있을 때 좀 더 잘 해줄 걸! 그렇게 하지 못한 것이 뼈아프게 후회되어 계속 나의 마음을 질타했다.

아내와 함께해 온 지난 시간들을 추억하는 사이, 어느덧 차량은 국군대전병원에 도착했다. 국군대전병원 행정부장인 김중봉 중령이 미리 무연탄을 많이 쌓아 모닥불을 지펴 놓았다. 잠시 나는 몸을 녹였다. 김 중령은 영현실을 정리 정돈하고 방문객 받을 준비에 만전을 기했다. 김 중령에 대한 깊은 감사의 마음이 생겼다. 또 병원 내 기독장교들이 카세트에 성가를 틀어 놓았다. 밤

1시가 넘어서자 비로소 나는 아내의 영전에 누웠다. 너무 추웠고 저절로 눈이 감겼다. 눈을 떠보니 새벽 5시였다. 찬송가 소리는 계속 들리는데 아무도 없었다. 그런데 무섭지 않았다.

다음 날은 화요일이었다. 100명이 넘는 조문객이 다녀갔다. 조문객들을 어떻게 대했는지 아무것도 생각나지 않았다. 수요일에 대전 현충원에서 많은 사람이 참석한 가운데 장례식을 거행했다. 그리고 장교 묘역에 아내를 안장했다.

현실이 아닌 것 같았던 태풍의 3일이 지나갔다. 보통 사람들은 시간이 모든 것을 해결해준다고 한다. 그러나 우리 예수 믿는 성도들은 모든 것이 '하나님의 은혜'라고 믿는다.

"모든 은혜의 하나님 곧 그리스도 안에서 너희를 부르사 자기의 영원한 영광에 들어가게 하신 이가(벧전 5:10)"

처량한 뒷모습

1993년 3월이었다. 전역 3개월을 남겨놓고 그 당시 만기제대자 관행에 따라 3개월 휴가를 냈다. 나는 대전에서 다니는 교회도 없었고 특별하게 계획한 일도 없었다. 그런데 막연히 기도원에 가면 무슨 좋은 일이 생길 것 같은 생각이 들었다. 그래서 기도원에 가기로 결정했다.

먼저 대전 주위에 있는 3개 기도원에 들러 예배를 드리고 기도원 분위기를 파악했다. 그리고 그중에 마음에 드는 도곡기도원으로 결정했다. 자그마한 도곡기도원은 집에서 차로 40분 정도 거리의 아늑한 골짜기에 자리하고 있었다. 기도원 원장은 여자인 양예자 목사였다.

양 원장은 조용하면서 설득력 있게 말씀을 전했다. 그녀는 결혼도 하지 않고 기도원 운영에 최선을 다하고 있었다. 전국에서 명성이 자자한 목사들이 매주 월요일에서 금요일까지 강사로 와서 말씀을 선포했다. 강달희 목사, 이영훈 목사, 강문호 목사, 최낙귀 목사, 이종범 목사 등 매주 전국에서 많은 목회자가 와서 집회를 이끌었다.

그 기도원은 항상 말씀에 주린 성도들로 가득 찼다. 나는 한 번도 빠짐없이 집회에 참석했다. 잠은 집에서 자고 점심은 기도원에서 해결했다. 나는 신앙생활을 하면서 접해보지 못한 많은 것을 강사 목사들로부터 전해들었다. 강달희 목사의 '조상 죄 회개'와 강문호 목사의 '성막'은 신앙생활에서 한 번도 접해보지 못한 내용이었다.

광야를 지나며

나는 기도원에서 매일 부흥사 목사들의 설교 말씀을 들었다. 하지만 마음은 항상 공허하고 머리에 와닿는 말씀이 없었다. 약 4개월 전에는 꿈에도 생각하지 못한 사고로 아내와 사별했고, 3개월 뒤에 있는 군대 제대로 앞날에 대한 걱정이 나를 짓눌렀기 때문이다. 그러한 상황이다 보니 술과 담배를 끊지 못했다.

이곳 기도원에 다니면서 강희규 목사와 가장 가깝게 지냈다. 그는 교회 장로로 제조 업체 사장을 하고 있었다. 그를 통해 사회를 많이 알게 되었다. 그는 마음이 넓고 남을 도와주기를 좋아했다. 나중에 신학을 해서 중국 선교를 떠났고 정년으로 은퇴했다. 지금도 기도원 원장과 나, 이렇게 셋이서 만남을 계속 이어가고 있다.

5월 중순이었다. 그날도 기도원에 다녀왔다. 기도원에서 하루 온종일 부흥사 목사의 설교를 듣고 찬송을 불렀는데, 예배의 기쁨과 감사함과는 별개로 육신이 피곤했다. 기도원에서 집에 오면 통상 식사를 하고 잠자기에 바빴다. 그날도 베개에 눕자마자 잠에 빠져들었다.

기도원으로 가는 길의 중간에는 조그마한 다리가 하나 있었다. 소형 트럭 한 대가 겨우 지나갈 수 있는 좁은 다리였다. 흐린 낮이었다. 그러나 해가 떠 있는 낮이 아니어서 시야가 희미했다. 한 사람이 다리를 넘어 도곡기도원 쪽으로 가는 뒷모습이 보였다. 자세히 보니 예수님이셨다. 헌 옷을 깨끗하게 세탁한 것 같은 두루마기 옷을 입고 계셨다. 예수님의 앞모습을 보고 싶었으나 볼 수 없었다. 그때 뵌 예수님의 뒷모습은 나만큼이나 아주 처량하고 쓸쓸한 모습이었다.

그 꿈을 꾸고 난 이후에 나는 파란만장한 인생을 살았다. 친구들에게 크게 사기를 당했고, 인간적인 배신을 당했으며, 몇 번이나 위험에 처하기도 했다. 예수님의 십자가를 바라보며 생활하지 않고, 세상 사람과 나 자신만 믿고 산 결과였다.

"누구든지 나를 따라오려거든 자기를 부인하고 자기 십자가를 지고 나를 따를 것이니라(마 16:24)"

사람들

권종만 박사는 김재명 사장과 함께 한국 최초로 지하철을 계획하고 완공과 운영까지 관여한 사람이다. 그는 지하철공사 운영과장으로 지하철 전반에 걸쳐 사장을 보좌했다. 2001년 권 박사로부터 '인가'라는 종합 레저센터를 소개받았다. 권 박사와 레

117

저센터 회장은 대학원 동기로 막역한 사이였다.

내 직책은 부사장이었다. 사무실은 사장, 부사장, 경리과장으로 구성돼 있었다. 사장은 회장의 친동생이었다. 그는 장로회신학대학을 졸업한 후 남미의 밀림에 가서 개척교회 35개를 설립했다고 자랑했다. 그러나 남미에서 귀국할 때 김포공항에 내려 제일 먼저 점쟁이 집을 찾았다고 했다. 그는 출근도 가끔 가다 한 번씩 했는데, 돈이 필요할 때는 회삿돈을 훔쳐가곤 했다. 가끔 젊은 아가씨들을 불러 회사에 데리고 오기도 했다. 그리고 부끄러운 줄도 모르고 둘이서 불가마 복장으로 회사 이곳저곳을 돌아다녔다.

경리과장은 40대인데 성실하고 착하며, 이 회사의 중추적 역할을 감당하고 있었다. 맡은 일에 충실할 뿐만 아니라 사명감을 가지고 업무에 임했다. 의처증이 심한 남편에게 고난을 받으면서도 전혀 내색하지 않고 근무에 충실한 모범사원이었다.

주방장은 식당 종업원 4명을 거느리고 음식과 청소를 담당하고 있었다. 건강하고 외모도 준수한데다 음식도 맛있게 잘 했다. 종업원들을 잘 다스리고 식당 운영도 잘 했다. 하루는 점심 식사가 끝나는 시간에 식당을 순시했다. 그런데 그 주방장이 투명한 글라스 잔에 들어 있는 물을 마시고 있었다. 나를 보자마자 물잔을 내려놓았다. 알고 보니 물컵에 소주를 부어 마시고 있었던 것이다. 나는 모른 척하고 지나갔다. 주방일이 힘들고 업무를 끝내고 하는 일인데, 그것까지 말릴 수는 없었다.

나는 6시에 출근해서 야외 주차장, 1층 사우나 룸, 2층 사무실 및 창고, 3층 불가마장, 4층 식당 및 휴게실, 5층 헬스장을 전부 돌아본 후에 식사를 마치고 사무실에 들어가 하루를 시작했다. 주된 임무는 각 시설관리와 순시가 대부분을 차지했다. 그리고 저녁 10시에 퇴근했다. 적지 않은 업무량이었다.

그런데 사장은 일은 하지 않고 회사 재정만 악화시키고 있었다. 그리고 재정 악화의 원인을 가상의 도둑에게로 돌렸다. 자기가 가져간 것을 내가 알고 있는데도 말이다. 회장은 내게 사장을 잘 통제하라고 했다. 그런데 어떻게 부사장이 사장을 통제한단 말인가?

처음에 회사에 입사할 때, 회장은 급여에 대해 3개월 근무하면 100만 원에서 150만 원으로 올려주기로 내게 약속했었다. 그러나 3개월이 지나도 급여를 올려주지 않았다. 5개월이 지난 후 나는 경리과장에게 지시를 했다.

"내 급여를 150만 원으로 올리시오."

그리고 월 급여를 150만 원씩 받았다. 경리과장은 매달 회사 재정에 관해 회장에게 보고했다. 어느 날 갑자기 회장이 회사를 방문했다. 그가 회사 전체를 순시한 후 사무실로 들어와 내게 질문했다.

"부사장 월급은 누가 올려주었습니까?"

순간 경리과장을 처다보니 난감한 표정을 짓고 있었다. 틀림없이 경리과장이 회장에게 그리 말했을 것이다.

"부사장이 월급을 올리라고 해서 할 수 없이 올렸습니다."

상황을 파악한 나는 조용하고 단호한 어조로 대답했다.

"제가 올렸습니다."

그랬더니 회장은 의외로 아무 말도 하지 않고 회사를 떠났다. 회장이 분명히 3개월 후에 월급을 올려준다고 했는데, 올려주지 않았기 때문이다. 회장은 신뢰할 만한 사람이었다.

나는 군대에서 제대한 후에 처음으로 많은 사람을 거느렸다. 경리과장, 사우나 관리사원, 주방장과 식당 종업원, 불가마장 관리사원, 헬스장 관리사원, 주차장 관리사원, 물품관리 사원 등 많은 직원을 관리했다. 그리고 매일 100명이 넘는 사람이 이곳 센터의 레저 시설을 이용했다. 하루 온종일 사람과 사람들 속에서 생활하고 있었다. 그리고 이 회사에 입사해서 많은 것을 배웠다.

첫째, 사람 대하는 방법을 배웠다.

둘째, 어느 부서나 감독을 소홀히 하면 바로 문제가 발생한다는 것을 배웠다.

셋째, 직접 보는 눈은 없어도, 모든 사람이 나를 보고 있다는 것을 배웠다.

우리를 창조하신, 전지전능하신 하나님께서는 우리의 일거수 일투족을 보고 계신다.

"여호와께서 하늘에서 굽어보사 모든 인생을 살피심이여 곧 그가 거하시는 곳에서 세상의 모든 거민들을 굽어 살피시는도다 그는 그들 모두의 마음을 지으시며 그들이 하는 일을 굽어살피시는 이로다(시 33:13-15)"

••• ◆ •••

욕은 국제 공용어

1993년 5월, 군대 제대 후에 동생이 목회자로 있는 워싱턴을 방문했다. 방문 목적은 나도 미국에서 자리를 잡을 수 있겠는지를 타진해보기 위해서였다. 동생은 백악관, 박물관, 어시장, 유명 음식점 등 여러 곳으로 나를 안내했다. 내게 인상적인 것은 지역마다 대형 마트와 도서관이 있다는 것이었다. 오늘의 미국이 있게 한 토대가 아니었을까 생각됐다.

동생이 시무하는 교회는 700~800명의 성도가 예배드리는 중형 교회였다. 성도가 많다 보니 동생 목사는 온종일 교회의 각종 사역과 교인 심방으로 바빴다. 이제 미국에서 볼 것도 대충 다 보았는데, 계속 혼자 집에만 있을 수가 없었다. 그러자 눈치 빠른 동생댁은 나를 한 시간 넘는 거리에 있는 낚시터에 데려다 주었다. 낚시 도구라야 아주 간단한 것이 전부였다. 중간에 낚시점에 들러 미국산 지렁이를 사주고 낚시터 이용료 5불을 지불한 후에 먼저 가버렸다.

　낚시터엔 꽤 많은 낚시객들로 북적거렸다. 나는 조금 한적한 곳에 낚싯대를 펴고 자리를 잡았다. 블루길과 송어 새끼 등이 심심찮게 걸려들었다. 한참 낚시를 하는데, 10m쯤 떨어진 곳에서 낚시를 하던 남미계로 보이는 한 어린아이가 내게 다가왔다. 무슨 말인지 알아들을 수는 없었지만, 어떤 미끼를 사용하느냐고 묻는 것 같았다. 그래서 나는 쥠미국 지렁이이라고 말해주었다. 그 소년 역시 내가 하는 말을 못 알아들었는지 다시 여러 번 와서 계속 질문을 퍼부었다.

　낚시에 집중할 수 없을 정도로 같은 질문을 반복하자, 나는 그만 화가 났다. 나도 모르게 욕설이 튀어나왔다.

　"야, 임마! 너 죽을래?"

　그 기세에 눌려선지 아이는 도망치듯 사라졌다. 그리고 다시는 내게 다가오지 않았다. 역시 욕은 국제 공용어인가?

"사랑은 모든 것을 참으며. (고전 13:7 상)"

돈 비

군대 생활을 25년 한 후 건설회사에 취직했다. 나는 군대에서 군 병원 관련 업무를 오랫동안 담당했다. 그래서 직책도 병원 건설에 관한 병원사업 관리부장이었다. 소령으로 제대한 후배 한 명을 같은 부서로 영입했다. 수도권에 있는 노후된 병원을 찾아가 병원 재건축 및 신축에 관해 병원장을 만나 수주하는 역할이었다.

항상 회사로 출발할 때는 기대 반 두려움 반이었다. 야전병원 관리과장을 했던 경험상, 의사들이 숫자에 얼마나 민감한지 잘 알고 있었기 때문이다. 월급을 주고 나면 한두 명의 군의관_{군대의사}은 관리과장을 찾아왔다. 왜 월급 지급 시 일 원짜리 남은 돈은 주지 않느냐는 것이었다.

오늘은 안양지역에 있는 병원을 방문하는 날이다. 내가 운전하고 후배는 조수석에서 꾸벅꾸벅 졸고 있었다. 그때는 고층 아파트도 별로 없던 시절이었다. 도로에서 조금 떨어진 곳에 있는 고층 아파트를 지날 때였다. 버스, 택시, 그리고 내 차 순으로 운행하고 있었다.

갑자기 하늘에서 돈 비가 내렸다. 일만 원 권 지폐였다. 버스와 택시가 정차했다. 나도 재빠르게 차를 길옆에 세웠다.

"야! 빨리 내려서 돈 주워, 돈!"

그러자 후배도 잽싸게 차에서 내렸다. 그리고 돈 비가 내려 아수라장이 된 버스 승객들 속으로 빨려 들어갔다.

사태가 종료되자 시내버스와 택시도 가버리고 우리 둘이서 불로소득을 결산했다. 후배는 오만 원을 주웠고, 나는 차를 세우고 뒤늦게 가느라 뒤처졌다. 그래서 뭉칫돈이 떨어지는 곳에 몰려든 사람들을 뚫지는 못했다. 대신 풀밭을 뒤져 십일만 원을 주웠다. 일만 원 권 지폐가 초록색 풀색과 같아서 그곳에는 사람들이 없었다.

불현듯 집안에 공돈이 들어올 때는 액운이 같이 들어온다는 말이 생각났다. 안양에서 병원 일이 빨리 끝났지만 회사에 복귀하기에는 너무 이른 시각이었다. 그래서 평소 친하게 지내던 한의원에 들렀다. 때마침 원장은 친구들과 고스톱을 치고 있었다. 나도 슬며시 고스톱 판에 끼어들었다.

결과는 보나 마나 뻔했다. 결국 십일만 원을 전부 잃고 내 돈이만 원까지 잃었다. 한의원 계단을 내려오다 헛발까지 디뎌서 무릎이 시큰거렸다. 닭 쫓던 개가 으르렁거리면서 흐린 하늘만 바라본다.

토종 공수부대

1989년 8월 말경, 모처럼의 휴가로 마음이 들떠 있었다. 한데 딱히 할 일도, 가고 싶은 곳도 없었다. 그러던 차에 지인에게서 낚시를 가자는 연락이 왔다. 행선지는 고흥군 녹동이라고 했다. 잘 하지는 못하지만 낚시를 좋아해서 즉시 동참하기로 했다. 서울에서 오전 10시에 출발해 오후 5시경에 낚시터에 도착했다.

하늘은 흐리고 바람이 세게 불어 물결이 일어났다. 거기에다 빗방울까지 떨어지기 시작했다. 그래도 낚시를 하러 왔으니 바로 낚싯대를 펼쳤다. 고기는 한 마리도 잡히지 않고 비바람만 거세지고 있었다. 주위를 살펴보니 바닷가에서 20m쯤 떨어진 곳에 5평 정도의 낡은 석면 슬레이트 폐건물이 있었다.

기온은 섭씨 30도 정도로 후텁지근했다. 식사를 안 하고 와서

인지 배 속에서 꼬르륵 소리가 났다. 마침 운전하는 한 기사가 통닭 다섯 마리와 소주 한 박스를 사서 도착했다. 누가 뭐라고 말할 것도 없이 서로 옆에 있는 빈 건물로 들어갔다. 한 기사가 대충 치우더니 술판을 벌였다. 저녁도 안 먹고 출출하던 차에 먹는 소주와 통닭은 그야말로 '특식'이었다. 소주의 쓴맛조차 달착지근했다. 통닭이 그렇게 맛있는 줄은 꿈에도 몰랐다. 서로 주거니 받거니 하며 넷이서 소주 한 박스를 다 비워버렸다.

이제 밖은 굵은 비로 변하고 칠흑같이 어두운데, 철썩거리는 파도 소리만 들렸다. 대소변을 대충 알아서 해결하고 잠자리에 들어갔다. 비바람이 들이쳐 문을 닫으니 숨이 막힐 지경이었다. 옷을 다 벗어 던지고 팬티만 입고 누웠다.

날이 밝아올 즈음이었다. 온몸이 가려웠다. 비가 개인 후 밖이 환해진 아침에 보니, 전신이 무엇엔가 물린 핏자국으로 얼룩져 있었다. 실내가 어두컴컴해서 처음엔 몰랐으나 곧 천장의 실체가 드러났다. 아뿔사! 천장엔 피를 빨아먹고 통통해진 거미들이 까맣게 매달려 있었다. 간밤 내내 천장의 거미들이 거미줄을 타고 내려와 우리를 덮친 것이었다. 다름 아닌 토종 거미 공수부대였다.

우리는 거미를 쳐다보고, 거미도 우리를 쳐다보고 있었다. 거미들의 말소리가 들리는 것 같았다.

"당신들이 가고 나면 우리는 굶는다. 언제 다시 올지 모르지만, 그때까지 우리는 당신들을 기다리겠다."

···◆···

농사는 아무나 하나

나는 어릴 때부터 바닷가에 살고 싶었다. 1998년 3월에 강화도로 이사를 했다. 경치도 좋고 살기엔 좋았으나 일자리가 없다는 게 흠이었다. 할 수 없이 서울에서 취직을 했다. 그런데 출퇴근 시간이 너무 많이 소요됐다. 그럴 즈음 영종도에 신공항이 생긴다는 뉴스가 전해졌다. 강화도와 영종도는 거리상으로 가깝기 때문에 관심이 커졌다. 마침 지인으로부터 영종도에서 수십 개 건설 업체에 식자재를 납품한다는 사람을 소개받았다. 그래서 강화도에서 영종도로 다시 이사를 했다.

출근한 회사 사무실은 컨테이너 박스로 만들어져 있었고, 직원은 사장 외에 3명이었다. 그러나 사장은 직무에 대한 어떠한 말이나 지시사항도 없었다. 말이 출퇴근이지 나는 사장과 다른 직원의 눈치나 보는 처량한 신세였다. 그래서 경찰로 근무하고 있는 친구에게 사장이 어떤 사람인지 알아봐달라고 부탁했다.

127

며칠 후 친구의 연락을 받고 나는 기겁을 했다. 사장이 전과 58범이라는 것이었다. 사표를 쓸 필요도 없이 직장을 그만두었다.

그러나 이사를 했기 때문에 바로 움직일 수가 없었다. 그리고 갈 곳도 마땅치 않았다. 내친김에 집 주위에 있는 텃밭을 일궜다. 같이 사는 사람들이 대부분 농사를 짓고 있으니, 나도 농사 한번 해보자는 마음이 생겼다. 농사에 대해 딱히 아는 것은 없었다. 다만 주위 사람이 옥수수를 심으면 나도 모종을 사서 심고, 오이를 심으면 나도 그대로 따라서 했다. 한데 이상하게도 내 밭의 옥수수는 작게 달리고, 오이도 한쪽만 큰 기형 오이가 되었다. 여전히 아둔한 나는 농사의 비법을 깨우치지 못했다.

입추가 되니 동네 사람들은 이제 무와 배추를 심기 시작했다. 나도 시장에 가서 무 씨와 배추 씨를 사 가지고 왔다. 밭을 삽으로 파고 괭이로 고랑을 만들어 흙을 고른 다음 씨를 뿌렸다. 그러나 무 씨와 배추 씨를 세 번이나 뿌렸는데도 싹이 나지 않았다. 그래서 옆집 아저씨가 하는 대로 씨를 뿌리고 물도 주었다. 우리 밭만 제외하고 동네 밭은 파랗게 무와 배추가 자라기 시작했다. 어찌된 일인가 싶어 사람들에게 물어보니, 그저 계속 심어보라는 말만 되풀이했다. 그래서 여러 번 씨를 뿌리고 물을 주었다. 그래도 싹은 나오지 않았다.

주일에 예배가 끝난 후, 그 지역에서 전문으로 농사를 짓는 집사님께 물어봤다. 그랬더니 지나가는 말로 한마디 던져주었다.

"심기 전에 농약을 치고 심어보세요."

나중에 안 사실이지만, 싹이 나오면 벌레가 다 먹어 치운다는 것이었다. 집사님 말대로 농약을 치고 씨를 뿌리고 물을 주었다. 다음 날 아침에 새벽 예배를 드리고 밭에 가보니 기적이 일어났다. 무와 배추 싹이 흙을 머리에 인 채 올라오고 있었다.

나는 작은 씨앗이 흙을 뚫고 나오는 광경을 처음 목격했다. 신비했다. 하나님께서 신묘막측한 이 광경을 보게 하기 위해 나로 하여금 계속 씨를 뿌리게 하신 것이었다. 그리고 나쁜 땅에 씨를 뿌리면 결실을 얻을 수 없다는 것도 알게 하셨다.

한 대 피고 가시오

2001년 11월이었다. 올해가 지나기 전에 담배를 꼭 끊고야 말겠다고 굳게 다짐했다. 중국의 석학 임어당 박사도 담배를 66번이나 끊었다고 한다. 그동안 나는 3번쯤 끊었다가 다시 피우던 중이었다.

명색이 집사인 나는 교회에 갈 때면 담배 냄새가 날까 봐 3번씩 양치질을 하고 갔다. 그래도 담배에 중독되니까 어떤 날은 담배를 피우지 않으면 잠이 오지 않았다. 그럴 때는 밤 12시 넘어 손전등을 들고 평소 어르신들이 쉬는 곳을 찾아가 땅을 비추며 꽁초를 주웠다. 어떤 때는 반쯤 피우다 버린 꽁초가 발견되는 행운도 따랐다. 그때는 하늘 아래 아무것도 부러운 것이 없었다. 그러나 대부분 담배 피우는 분들은 필터 부분 밑까지 남김없이 피워서 자주 행운이 따르지는 않았다.

어느 날 동창회에서 나와 아주 가깝게 지냈던 친구를 만났다. 모임이 끝나고 둘만 남았을 때였다.

"야! 담배 한 대 피우자!"

친구에게 담배를 권했더니, 친구가 담배를 거절했다.

"나는 담배 끊었다."

정말로 신기했다. 그 친구는 골초로 소문난 사람이었다. 다른 친구들이 그가 나타나기만 하면 "야, 골초! 잘 있었나?" 하고 인사를 할 정도였다. 그런 그가 담배를 끊었다니 비결이 너무나 궁금했다.

"어떻게 담배를 끊었니?"

그러자 친구는 담배로 인한 해악을 길게 늘어놓더니, 마지막에 한마디를 덧붙였다.

"○○기도원에 가서 끊었다."

"기도원에서 어떻게 담배를 끊어?"

"가보면 알아!"

집에 돌아온 나는 집에서 가까운 청평 강남기도원으로 갔다. 아는 사람이 아무도 없었다. 1시간 반가량 설교 말씀을 듣고 기도원 밖으로 나왔더니, 눈꺼풀이 떨리고 머리가 지끈거리며 아팠다. 그래서 기도원 옆에 있는 야산을 바라보고 밭둑길로 접어들었는데, 마침 산길로 연결돼 있었다. 숲속에 난 길로 3분쯤 걸어갔을까? 어디에서 구수한 담배 냄새가 났다. 조금 더 가니 예비군 호 안에서 서너 명이 담배를 피우고 있었다. 그들 중 하나가 나를 쳐다봤다.

"담배 한 대 피고 가시오."

친절하게 담배를 권하는 말투로 보아 그들도 담배를 끊으려고 기도원에 온 성도임이 틀림없었다. 나는 그 즉시 짐을 싸들고 기도원을 나왔다. 그리고 마음을 독하게 먹었다. 담배가 피우고 싶을 때마다 소주를 안주도 없이 한 사발씩 마셨다. 물론 의지로 끊지 못한 것이 죄스럽기는 했다. 이렇게 끊기가 어려운 것이 담배 중독이구나 생각했다. 오죽하면 담배 중독이 마약 중독보다 끊기 힘들다는 말이 있을까.

요즘 담배 피우는 분들을 보면 그 시절이 생각난다. 나도 저들과 똑같았는데, 오직 하나님의 은혜로 유혹의 연기로부터 탈출

131

할 수 있었다.

··●·◆·●··

두 딸의 결혼

2007년 3월, 하루는 두 딸과 커피숍에서 만났다. 큰딸은 31살, 작은딸은 26살이었다. 그때까지 두 딸은 아직 결혼을 하지 않은 상태였다. 그 당시 상황은 결혼을 늦추는 시대의 시작점이기도 했다. 그래도 나는 아버지로서 은근히 걱정이 됐다. 그래서 제안을 했다. 아무것도 없으면서 허풍을 떨었다.

"아버지가 먼저 결혼하는 딸에게 특별 지원을 해주겠다."

그리고 딸들과 헤어졌다. 첫째 딸은 연세대학교 영문학과를 졸업했다. 그리고 네덜란드 란텐버그 대학을 졸업했다. 다국적 기업인 'LOREAL로레알'이란 회사에서 홍보부 업무를 수행했다. 둘째 딸은 상명대학교 소프트웨어 학과를 졸업했다. 그리고 삼성의 시스템 개발 부서에서 근무 중이었다. 큰딸은 홍보부 업무상 사람들을 많이 만나는데 특히 기자들과 밀접한 관계를 유지하기 위해 늘 바빴다. 삼성에 다니는 작은딸도 아침 8시에 출근하여 새벽 3시에나 퇴근했다.

늘게

첫째 딸은 바쁜 일상 속에서도 2년이 넘게 토요일마다 그룹홈에서 봉사활동을 했다. 그룹홈은 가정 해체, 학대, 빈곤 등의 이유로 보호가 필요한 아동을 가정과 같은 주거환경에서 양육하는 소규모 공동생활 가정을 말한다. 배우자가 될 사람도 그곳에서 같이 봉사활동을 하다가 친숙해졌다고 한다. 둘째 딸도 언니와 함께 그룹홈에서 봉사활동을 했고, 교회에서 실시하는 장애아동 돌봄에도 동참했다. 하나님을 깊이 신뢰하고, 그룹홈에서 청소와 식사 봉사를 하며, 친구 없는 어린애들과 놀아주는 것을 어여삐 여기신 하나님께서는 두 딸에게 최고의 신랑들을 주셨다.

첫째 사위는 서울대학교를 졸업한 대성학원 강사로 성격도 좋고 인물도 출중하며 키도 180㎝로 나무랄 데 없는 사위다. 둘째 사위는 한양대학교 공과대학 기계과와 전기과를 졸업하고 금융기관에서 컴퓨터 책임자로 근무하고 있다. 역시 미남이고 온화한 성격의 소유자로 마음이 넓고 가정적이다. 두 딸을 사랑하셔서 최고의 배우자들을 주신 하나님의 한량없는 은혜에 감격할 뿐이다. 지금까지 지내온 것이 주의 크신 은혜라, 한이 없는 주의 사랑을 어찌 이루 말하랴.

"우리 가운데 역사하시는 능력대로 우리가 구하거나 생각하는 모든

길어온 지나머

마이크를 던져라

연말이 가까워지면 사람들은 올해를 그냥 보낼 수 없다고 송년회, 망년회 등의 모임을 갖는다. 여러 가지 사정으로 미뤄왔던 동창회나 계모임도 해를 넘겨서는 안 된다며 더는 미루지 않는다. 통상 고깃집에서 식사를 하면 대부분 2차로 노래방에 간다. 우리나라 사람들은 모두 가수 기질이 있어선지, 노래방에만 가면 목청껏 한을 푼다. 1절만 부르고 그만하라고 해도 2절, 3절로 이어지는 건 다반사다.

2004년 12월이었다. 그날은 처제 둘과 우리 부부 넷이서 반주를 곁들여 소고기로 식사를 했다. 거기 모인 네 사람은 사연도 가지가지로, 화장한 얼굴 이면에는 슬픈 사연들이 덕지덕지 붙어 있었다. 우리는 식사를 마치고 누가 먼저랄 것도 없이 노래방으로 향했다. 먼저 기본 안주와 맥주를 시키고, 마이크를 잡고 노래를 부르기 시작했다.

하나같이 슬픈 노래였다. 슬프니까 맥주도 많이 마셨다. 게다가 돼지 멱 따는 소리로 서로 먼저 부르겠다고 마이크 잡기에 혈안이 되었다. 음정과 박자는 문제가 될 수 없고, 가사도 마음대로였다.

그런데 내 순서가 와서 마이크를 잡으려고 하는 순간, 첫째 처제가 새치기를 했다. 순간 화가 났지만 참았다. 남자가 쩨쩨하게 그걸 가지고 화를 내나 하는 소리가 듣기 싫어서였다. 다음번 내 순서가 와서 마이크를 잡으려고 일어서다가 또 멈칫했다. 이미 둘째 처제가 잽싸게 일어나 마이크를 잡고 자기 부를 노래를 입력시킨 후였다. 처제들의 새치기가 이어지면서 나는 화가 나 맥주만 마셔댔다. 도수 낮은 맥주라도 쉬지 않고 마시니 취기가 몰려왔다.

이런 상황이 계속되자 감정이 격해지면서 점점 혈압이 올라갔다. 나는 벌떡 일어나서 마이크를 잡아챘다. 그리고 있는 힘을 다해 마이크를 벽에 던졌다. '퍽' 소리를 뒷전으로 나는 노래방을 나왔다.

그 시각 이후로 나는 완전히 술을 끊었다. 이 상황을 누가 계획했을까. 한참 지난 후에야 성령께서 역사하심을 알았다. 처음 술을 배운 후 34년 만의 일이었다.

광야를 지나머

4

하나님의 품꾼으로

코가 꿰이다

　2004년, ○○문화재단에 입사했다. 주된 임무는 차량 운행이었다. 문화재 발굴에 관한 조언과 방법을 제시하는 대학교수들을 승용차로 현장에 모시고 왔다가 업무가 끝나면 모셔다 드렸다. 또 발굴 작업의 잡다한 일과 도구 관리 등의 일을 했다. 4년이 넘는 기간 동안 아무 사고 없이 업무 수행에 최선을 다했다.

　문화재단 발굴 현장은 경기도 전역에 산재해 있었다. 그래서 현장과 가까운 곳에 숙소를 임대해 직원들이 아예 그곳에 기거하면서 발굴 작업을 했다. 일정 지역의 작업이 끝나면 또 다른 발굴 현장으로 이동해 업무를 수행했다. 발굴 작업 현장으로 이동할 땐 많은 작업 도구와 기자재가 동시에 움직여야 했다. 이동한 후에는 직원들이 거주할 방과 도구 및 기자재 저장실, 취사반까지 한 살림이 차려졌다. 거의 일 년에 한두 번은 발굴 현장이 변경됨에 따라 이동을 반복했다.

　본사 사무실은 경기도 산하기관으로서 경기문화재단 소속이었다. 입사 4년이 지난 어느 날이었다. 본사 사무실에 업무차 들렀는데, 직원들이 나에 관한 이야기를 하고 있었다.

"아니 그분은 연금도 타면서 조용히 편하게 살 것이지, 왜 후배들의 자리까지 차지하고는 우리 앞길을 막고 있어?"

그 말은 내 가슴에 비수를 꽂았다. 가뜩이나 50대 후반의 나이에 입사해서 눈치를 보고 있는데 말이다. 그때부터 나는 심장이 아파왔다. 협심증 증세가 나타난 것이다. 그리고 주위 사람들의 반응을 살피는 처지가 되었다. 협심증 증세는 계속 더 악화됐다. 휴가를 내고 모 대학병원에서 진찰을 받은 후 스텐트를 삽입했다. 회사에는 알리지 않았다.

수술을 마치고 곰곰이 생각해보았다. 이곳에 더 근무하다가는 무슨 사달이 날 것 같았다. 결단을 내릴 시간이 다가온 것이다. 누구와 상의할 사람도 없었다. 깊게 생각할 여유도 없었다. 퇴원하자마자 회사에 사표를 제출했다. 그리고 내가 할 일을 찾아봤다. 그러나 너무 막막했다.

"하나님! 이 어려움에서 저를 건져주소서."

"여호와께서 내 음성과 내 간구를 들으시므로 내가 그를 사랑하는도다(시 116:1)"

나는 회사를 그만두고 여러 날 동안 상념에 빠졌다. 연금을 받고는 있지만, 아무 일도 하지 않은 채 무기력하게 세월을 보낼 수는 없었다.

평소에 나는 고아원이나 양로원을 운영하고 싶었다. 그러나 고아원을 운영하려면 자라나는 어린이들을 감당할 교육적인 소양이나 능력이 필요했다. 이런저런 것까지 감안하면 노인 사역이 더 적합하다고 생각됐다. 노인 사역을 하려면 먼저 필요한 자격을 획득하는 것이 중요하다고 판단됐다. 학원을 4개월 수강해서 요양보호사 자격을 취득했다. 때마침 어느 신문에 사회복지사 자격 취득에 관한 기사가 실린 것을 보았다. 그런데 그곳이 '신학교'라고 했다. 나는 앞뒤 없이 그 신학교를 찾아가 총장과 면담을 했다.

"신학교만 졸업하면 사회복지사 자격은 자동적으로 해결됩니다."

총장의 말은 사실이 아니었다. 그러나 그때는 덮어놓고 총장 말만 믿고는 깊이 알아보지도 않은 채 신학교에 입학했다. 그렇게 나는 신학교 3년 과정을 마치고, 강도사 과정을 거친 후 목사 안수를 받았다. 그런데 당연히 받을 것으로 기대했던 사회복지사 자격증은 없었다. 그래서 사회복지사 자격을 취득하기 위해 다시 2년 동안 수업을 받았다. 참 어렵게 자격증을 취득했다. 결론적으로 나는 사회복지사 자격증 때문에 신학을 해서 목사가 된 것이다.

　그러나 일련의 과정을 뒤돌아보니, 우연이나 낭패가 아니었다. 하나님께서는 그 좋은 직장에서 안주하고 있는 나를 보시고 코를 꿰어 끌어내신 것이다. 문화재단의 일로 협심증 수술을 하게 하시고, 술을 끊게 하시고, 신학교 총장의 거짓말을 동원하여 신학을 하게 하신 후 나를 목사로 만드신 것이다.

　"여호와께 감사하라 그는 선하시며 그의 인자하심이 영원함이로다(시 118:29)"

* ·•• ✦ ••· *

실버 목회

　2010년 신학교를 졸업할 즈음, 나는 목회 방향을 놓고 적잖이 고심했다. 어린이 사역과 노인 사역 중 어느 방향으로 나갈까 한참 고심하고 있을 때, ○○○지역에서 고아원 관리자가 원생을 성추행한 사건이 TV 방송과 신문에 대대적으로 보도됐다. 나는 내 나이나 조건 등을 여러 가지로 비교도 해보고 심사숙고한 끝에 노인 사역으로 결정했다.

나는 자연스럽게 장애인 교회와 요양원 협동목사로 어르신들과 점점 더 가까워졌다. 대화를 많이 나눈 건 아니지만, 서서히 서로를 이해하게 됐다. 나는 정성과 예우를 갖춰 어른들을 모셨고, 어르신들은 내가 자기들을 물심양면으로 도와준다고 생각하는 것 같았다. 이심전심으로 서로를 이해하고 지지한다는 생각이 들자, 가족들 안부는 물론이고 가벼운 농담도 주고받을 정도로 가까워졌다.

3세 때 아버지가 돌아가셔서 그런지 아버지에 대한 그리움이 어르신들에게 잘 해드리려는 마음으로 이어진 것 같았다. 또 아버지께 못한 효도라고 생각돼 어르신들께 더 잘 해드리고 싶었다. 그리고 협동목사로서 일주일에 6일간 새벽 예배와 저녁 예배를 드리다 보니, 어르신들이 내 부모나 가족같이 느껴졌다. 영관장교로 제대했다는 내 이력도 한몫했다. 특히 남자 어르신들이 그걸 좋게 여기는 것 같았다.

"만일 어떤 과부에게 자녀들이나 손자들이 있거든 그들로 먼저 자기 집에서 효를 행하여 부모에게 보답하기를 배우게 하라 이것이 하나님 앞에 받으실만 한 것이니라(딤전 5:4)"

백 명이 넘었어

　2015년 11월, 실버 예배를 시작했다. 처음에는 10여 분의 어르신들만 토요 예배에 참석했다. 그러다가 입소문을 타고 토요 예배에 참석하는 어르신들의 숫자가 조금씩 늘어나 어느 순간에 20여 명이 되었다. 그리고 얼마 안 돼 30여 명으로 확대되었다.

　12월의 첫째 주일로 기억된다. 오후 1시에 드리는 예배에 참석하기 위한 어르신들의 숫자가 점점 늘어나 시작 전부터 기본 좌석 52석을 넘겼다. 그래도 계속 들어오셔서 이번에는 강대상에 앉도록 했다. 그래도 쉬지 않고 계속 들어오셔서 의자 앞뒤와 통로에까지 앉도록 조치했다. 그런데도 계속 오셔서 107명으로 늘어났다. 출입문을 닫아 들어오지 못하도록 하자는 말까지 나올 정도였다. 하지만 그럴 수는 없었다.

　그동안 일반 교회와 장애인 교회, 요양원 교회 등 여러 기관에서 부목사로 시무했으나, 출석 교인이 50명을 채 넘질 않았다. 더구나 100명이 넘는 인원이 강대상 통로까지 가득 메우고 예배 드리는 일도 처음이었다.

　그러자 우리 부부에게 비상이 걸렸다. 다과를 더 준비해야 하

144

고, 예배를 마치고 귀가하실 때 1kg씩 드리는 쌀도 더 준비해야
했다. 우선 급한 일은 다과를 나르는 일과 쌀을 봉지에 담는 일
이었다. 생전 처음 보는 사람들을 살펴보다가 젊어 보이는 몇 사
람을 불러 다과 나르는 걸 돕게 하고, 사모는 어르신들께 드릴
쌀을 봉지에 담도록 했다.

실버 예배에 참석하시는 어르신들의 약 50%는 예수를 믿는 성
도여서 준비 찬송을 할 때 교회가 쩌렁쩌렁 울렸다. 찬송을 큰
소리로 부르니 내 마음에 감동이 몰려왔다. 토요 실버 예배는 성
령님이 함께하심으로 인해 넘치는 은혜 속에서 드려졌다. 지금
도 그때 일을 생각하면 가슴이 뜨거워진다.

"주께서 내 곁에 서서 나에게 힘을 주심은 나로 말미암아 선포된 말씀
이 온전히 전파되어 모든 이방인이 듣게 하려 하심이니. (딤후 4:17)"

· ─ ◆ ─ ·

포도원의 11시 품꾼으로

우여곡절 끝에 나는 2010년에 신학교를 졸업하고 목사 안수
를 받았다. 신학교 3년은 나름대로 열심을 다한 시간이었다. 한

시간도 지각한 적이 없었고 하루도 결석한 적이 없었다. 많은 과제물 역시 한 건도 빠뜨린 적이 없었다. 그런데 졸업을 하자마자 마음이 텅 빈 것 같은 공허감이 일었다. 이유는 성령의 충만함이 없었고, 말씀과 기도에 자신이 없었기 때문이었다.

어느 날 구의동에 위치한 참좋은교회에서 '설교 세미나'가 있다는 광고를 보았다. 10여 명의 목회자들이 세미나에 참석했다. 나는 그곳에서 담임목사인 박장욱 목사를 만났다. 같은 교단 출신이자 사관학교 동문이었다. 그는 '내적 상처 치유'에 대해 오랜 기간 연구하고, 기도하며, 집회를 이끌어왔다고 했다. 집회에 한 번 참여하라는 권유를 받고 나서 그 집회에 참석했다. 그리고 등록을 한 후 6개월 동안 그가 이끄는 집회에 모두 참석했다.

이를 계기로 성령 사역을 향한 관심이 배가되었다. 그래서 부천 이종선 목사의 치유 사역, 대전 이영한 목사의 장자권, 서울 강태원 목사의 바울성서 세계선교회, 대전 박필 교수의 생명언어 설교, 인천 민상기 목사의 회개 사역으로까지 연결되었다. 또한 이용 목사의 바이블 맥 아카데미, 김인석 목사의 내비게이션 선교회, 대신목회대학원 졸업과 라마나욧 부설 목회사관학교 3기 이수로 10여 년간 열심히 성령 세미나 참석과 배움에 최선을 다했다. 그러나 항상 부족함을 느꼈으며, 그때마다 더욱 낮아진 나를 발견할 뿐이었다. 그와 동시에 안산 열린문교회 부목사, 홍천 장애인교회 협동목사, 가평요양원교회 협동목사 등과 함께 목회 사역을 지속했다.

그러던 중 2015년 1월에 모친이 소천하셨다. 나는 장례식을 마치고 교회를 물색했다. 상가건물 2층에 있는 기존 교회를 인수하여 설립 예배를 드렸다. 솔직히 말하면 건물 외관만 보고 교회를 결정했다. 그리고 얼마 되지 않아 실버 처치 사역_{토요일에 드리는 65세 이상의 어르신 예배}을 시작했다. 목회자가 사역에 관한 어떤 결정을 할 때 하나님께 여쭤본 후 응답을 받고 실행해야 한다. 한데 어리석은 나는 당시 내 판단과 주위 사람들의 말만 듣고 결정하는 실수를 범했다. 나는 그것이 결국 아내의 아픔_{질병}으로 연결되었다고 생각한다. 하나님께선 교회를 설립하는 중요한 일에 기도가 소홀했다는 걸 깨닫게 해주셨다.

나는 앞으로 무슨 일을 하든지 꼭 하나님의 응답을 받고, 하나님이 기뻐하시는 사역을 하겠다고 다짐했다.

"오직 선을 행함과 서로 나누어 주기를 잊지 말라 하나님은 이러한 제사를 기뻐하시느니라(약 13:16)"

검은 손

2011년 4월경이었다. 나는 국민일보 광고를 보고 무작정 강원도 홍천에 있는 장애인 보호시설을 찾아갔다. 서울에서 2시간 30분가량 소요됐다. 고속도로와 지방도로를 거쳐 산속으로 2㎞ 정도 비포장도로를 들어가니 비로소 십자가가 보였다. 굉장히 반가웠다. 들어가는 즉시 원장_{시설장}에게 이력서를 제출하고 간단한 면담을 했다.

수요일 오후였으므로 저녁 예배 설교를 부탁하셔서 미리 준비해 간 설교를 했다. 예배가 끝난 후 원장은 설교가 만족스럽다고 했다. 즉시 시무 승낙을 받은 것이다. 아무도 안내해주는 사람이 없기에, 혼자서 건물 전체를 둘러보았다. 건물은 지하층과 지상 3층으로 되어 있었다. 지하층은 식당 및 창고, 1층은 입소자들의 격리 병실, 2층은 교회, 3층은 원장실 및 서재가 들어서 있었다. 이곳 장애인 보호시설 건물은 들어오는 도로 일부를 제외하고는 사방이 높은 산으로 둘러싸여 있었다. 아주 조그마한 분지 위에 지어진 건물이었다.

그곳은 무당들이 수시로 굿을 하는 곳이었는데, 땅 주인인 성도가 원장 말씀에 감동을 받아 그 땅을 기증한 것이라고 했다.

원장은 다리를 거의 못 쓰는 분인데, 한때 유명한 부흥강사였다고 했다. 원장은 주로 서울에 기거했고, 중요 행사 외에는 일주일에 한 번 와서 주일 예배만 인도했다. 여자 목사 한 분이 계셨는데, 주로 물품관리와 식당관리를 했다. 나는 예배 인도와 입소자 관리가 주 임무였다.

입소자는 주로 장애자 환우였는데, 전에 요양원에서 관리했던 사람들보다 마음씨가 순하고 착하다는 것을 느꼈다. 그리고 유난히 내 눈치를 많이 보는 것 같았다. 어느 날은 3명이 기거하는 방을 방문했는데, 스무 살 전후의 젊은이가 보였다.

"몇 살 먹었니?"

"네, 마흔세 살입니다."

나는 잘못 들은 줄 알고 재차 물었다.

"몇 살?"

"마흔세 살요."

나중에 알게 된 사실이지만 거기에 온 많은 사람들은 저마다 슬픈 사연을 가지고 있었다. 상당수가 태어나자마자 버림을 받은 사람이었다. 장애인으로 태어났다고 버림받아 사랑을 모르고 자란 사람이 태반이었다. 그들은 고아원과 장애인 시설을 전전하다가 만 20세가 넘으면 수급자로 분류돼 장애인 보호시설로 왔던 것이다. 세상과 떨어져 지내선지, 그들 대부분은 세상의

하나님의 품꾼으로

죄악과 유리된 순박한 모습을 띠고 있었다. 그래서 내 눈에 마흔세 살의 나이가 젊은 나이로 보였던 것이다. 물론 그 외의 식욕, 성욕, 수면욕, 물욕 등 인간의 본능은 보통 사람과 같았다.

내 사무실은 거의 50평 가까운데 책상 2개와 의자, 옷장 2개, 참대가 전부였다. 4월인데도 난방이 없으면 서늘했다. 공간이 너무 넓고 황량했다. 그리고 방에는 커튼도 없어 창을 통해 칠흑 같은 적막을 맛볼 뿐이었다.

나는 매일 아침 5시에 일어나 새벽 예배를 드리고, 인원 파악과 위생 점검, 식사 감독을 했다. 그리고 환자 발생 시에는 봉고차에 태우고 10㎞쯤 떨어진 면사무소의 병원으로 외진을 갔다. 어림잡아 50여 명과 매일매일을 같이 하는 삶은 생각보다 힘들었다.

금방이라도 비가 올 것 같은 어느 날 밤이었다. 11시쯤 침대에 누워 이 생각 저 생각하다가 잠이 들었다. 한참 자는데 형상이 보이지 않는 검은 손이 내 목을 누르고 있었다. 소리를 지를 수도 없고, 움직일 수도 없었다. 너무나도 강력한 힘이었다. 어떻게 됐는지는 모르지만, 용트림을 하다 침대에서 떨어졌다. 시계를 보니 새벽 2시였다. 무서웠지만 도움을 요청할 사람이 단 한 사람도 없었다. 침대 위치를 바꾸고 나서야 겨우 다시 잠을 청했다.

주일 오후에 원장과 마주 앉았다. 지나가는 말로 간밤에 가위에 눌린 이야기를 하자, 원장이 빙긋 웃으면서 말해주었다.

"이곳이 귀신의 소굴이었어요. 그래서 건물 완공 후에 유명한 부흥강사인 신 목사가 오셔서 일주일 동안 부흥회를 인도해 주셨지요."

많은 사람이 잠들어 있을 때 심장마비로 사망하는 것을 종종 본다. 그리고 우리는 간혹 가위 눌린 경험을 이야기한다. 그러나 심하게 가위에 눌릴 경우, 사람이 죽기도 한다. 악한 영이 한 짓이다. 자기 전에 꼭 성령님의 도우심을 구하자.

••• ◆ •••

33

요양원에서 시무한 지 얼추 일 년이 되어가고 있다. 요양원의 하루는 분주하다. 새벽 5시에 기상하여 5시 30분쯤이면 환자들이 움직이기 시작한다. 6시에 드리는 새벽 예배에 참석하기 위해서다. 휠체어를 이용하는 환자를 위해 예배 전에 이송 준비를 하고, 예배가 끝나면 바로 아침 식사를 준비한다. 어르신들께 식사를 준비해드리고, 투약을 하고 나면 설거지가 남는다. 그리고

151

직원들이 식사를 마치면 시트를 갈고 청소를 한다. 환자가 발생하거나 장기 치료자는 지역 병원으로 외진을 가기도 한다.

나는 이 요양원의 협동목사 겸 요양보호사로 일하는데, 일요일만 제외하고 협동목사 셋이서 교대로 예배를 인도한다. 우리는 매일 새벽 예배, 수요 저녁 예배, 금요 예배를 드린다. 예배 인도 및 설교 준비, 요양보호사 임무 그리고 여기에 더해 왕복 20㎞ 정도 떨어진 거주지에서 출퇴근하는 직원들을 차량으로 매일 픽업하다 보면, 말이 목회자지 요양보호사보다 더 힘들다.

입소자의 거의 절반은 거동이 불편한 환자이기에 휠체어를 이용한다. 그래서 예배 전후와 식사 시간 전후는 흡사 전쟁터를 방불케 한다. 어쩌다 쉬는 시간이 주어지더라도, 다른 직원이 결근을 하거나 급한 일이 생기면 지체 없이 도와야 한다. 오늘도 80세가 넘은 할아버지 한 분이 요양원을 이탈했다. 직원들이 사방으로 찾아 나섰다. 다행히 요양원에서 500m 정도 떨어진 곳에서 발견됐다.

대부분 자식이 부모님을 요양원으로 모셔온다. 그리고 처음엔 1주일에 한 번씩 면회를 온다. 그러다가 점차 2주일에 한 번씩 면회를 오고, 점점 방문하는 횟수가 줄어들면서 나중에는 1년에 한 번도 면회를 오지 않는 경우가 부지기수다. 대부분의 어르신들은 산으로 빙 둘러싸인 채 외부 환경으로부터 고립된 이곳 요양원에서 오로지 자식들과 고향 산천을 눈에 그리고 있을 뿐이다.

하루일과를 마치고 숙소에 와서 쉬고 있는데, 사회복지사로부터 1층에 있는 환자를 좀 봐달라는 부탁을 받았다. 침대에 잠들어 있는 환자 옆에는 떠먹이던 미음 식기가 놓여 있었다. 나는 침대 옆에 의자를 가져다 놓고 앉았다. 90세인 이 할머니 환자는 광대뼈가 나오고 유독 키가 컸다. 고향 공주에서 집사 직분을 받았으며, 교회 봉사도 열심히 하고, 신앙생활도 잘했다는 말을 사회복지사로부터 전해들었다.

의자에 앉아 10여 분을 있었다. 그때 나는 비몽사몽간에 연로한 환자의 얼굴에서 30대 시절의 고운 모습을 생생하게 보았다. 투피스 옷차림에 샌들을 신고 머리에는 화관을 쓰고 있었다. 한 손엔 양산을 들고서 꽃길을 사뿐사뿐 걸어오고 있었다. 날씨는 화창했고, 길 양쪽에는 꽃들이 드문드문 피어 있었다. 그 모습으로 내 앞까지 와서는 사라지고, 또 와서는 사라지고, 그러한 환상이 3-4회 연속 반복됐다.

그때 문이 열리더니 사회복지사가 들어왔다. 경험이 많은 그가 다급한 목소리로 말했다.

"임종이 시작됐습니다."

먹이던 그릇을 재빨리 치우고 원장 목사께 연락해 임종 예배를 드렸다. 며칠 후 사모와 그날 일을 두고 이야기를 나누었다.

"왜 90세가 넘은 분이 임종하는데, 내 눈엔 30대 초반으로 보였을까 의문이야."

"많은 성도가 '예수님께서 33세에 십자가에서 돌아가셨으니까'라고 말했대요. 그분은 틀림없이 천국에 가셨을 거예요."

나도 죽으면 30대 청년으로 부활할 것이다. 오! 예수님!

내적 상처 치유

박장욱 목사 부부는 수년 동안 밤낮으로 기도하던 중에 "사람의 마음과 심령을 치유하라"는 하나님의 음성을 듣고 치유 사역을 시작했다고 한다.

사람은 가정환경이나 사랑의 결핍, 인간관계 속에서 많은 상처를 받는다. 그로 인해 마음에 한(恨)이 쌓이는데, 그 상처와 한이 삶에 큰 영향을 미치고 신앙생활에도 장애가 된다는 게 그의 설명이었다. 그 결과 남을 미워하고 증오할 뿐만 아니라, 상처로 남는다는 것이다. 분노·열등감·두려움과 죄책감·우울증·화병은 치유받지 못한 상처가 있음을 알리는 신호이며, 아픔을 호소하는 통증이라고 했다. 그러면서 박 목사는 "이를 치유하는 것은 내적 치유밖에 없다"고 말했다.

그는 예수님의 치유 사역은 말보다도 더 강한 행위의 복음이라고도 했다.

"맹인이 보며 못 걷는 사람이 걸으며 나병환자가 깨끗함을 받으며 못 듣는 자가 들으며 죽은 자가 살아나며 가난한 자에게 복음이 전파된다 하라(마 11:5)"

하나님을 절대 신뢰하고 말씀을 조금도 의심 없이 믿는 것으로 보아, 박 목사는 확실한 믿음의 사람인 걸 느낄 수 있었다. 울산에서 고등학교 시절에 절친한 믿음의 교우와 매일 마태복음 17장 20절 말씀을 붙들고, 동네 앞에 있는 산이 옮겨지라고 명령한 적이 있었다고 한다. 그리고 몇 년 후, 그 큰 산이 옮겨지고 그 자리에 현대조선소 단지가 조성됐다고.

"너희 믿음이 작은 까닭이니라 진실로 너희에게 이르노니 만일 너희에게 믿음이 겨자씨 한 알 만큼만 있어도 이 산을 명하여 여기서 저기로 옮겨지라 하면 옮겨질 것이요 또 너희가 못할 것이 없으리라(마 17:20)"

나는 2011년에 전도 세미나에 참석하면서 박장욱 목사를 처음 만났다. 그는 같은 교단 소속이어서 그런지 첫 만남인데도 친밀감이 있었다. 또한 내가 한 번도 접하지 못한 '내적 상처 치유'를 전문 사역으로 하고 있어 큰 도움이 됐다. 그를 통해서 성경적 회개와 용서하는 법을 배웠다.

나도 일생을 살아가면서 미워하고 증오했던 사람이 많다는 것을 알았다. 그래서 그들 한 사람 한 사람을 미워하고 증오했던 것을 회개했다. 그리고 용서했다. 그러자 비로소 나를 누르고 있던 죄의 중압감으로부터 해방될 수 있었다.

"기도할 때에 아무에게나 혐의가 있거든 용서하라 그리하여야 하늘에 계신 너희 아버지께서도 너희 허물을 사하여 주시리라 하시니라(막 11:25)"

• • ◆ • •

치유 사역

2011년 3월에 열린문교회 김 목사의 권유로 기쁨의교회 치유 집회에 참석했다. 상가 지하실에 위치한 교회는 70평 남짓한 규

모로, 240명 전후의 성도들이 집회에 참여하고 있었다. 발 디딜 곳 없이 가득 채운 가운데 집회가 진행되었다.

이종선 목사를 통한 성령의 인도하심에 따라, 하나님께서 세계 곳곳을 새롭게 하시는 일들을 배웠다. 특히 박수진 목사전 관악노회장는 사람 안에 숨어 있는 사단의 정체를 밖으로 드러내고, 취조하고, 쫓아내는 방법을 이 목사에게 가르쳐 주었다. 그는 자신이 그동안 배우고, 보고, 듣고, 경험한 모든 것을 온 힘을 다해 치유 사역에 쏟아부었다.

나는 수년 동안 매번 집회에 참석했다. 집회는 오전 9시에 시작해 다음 날 새벽 4시까지 진행됐다. 당시 나는 목사 안수를 받은 지 1년도 안 된 시점이었다. 잠을 이기려고 매시간 사탕을 먹었다. 결국 그 튼튼하던 치아가 많이 망가졌다.

말씀을 통해 성령에 대하여 알게 하셨다. 즉 '예수의 치유능력의 근원이 성령이시다', '하나님은 성령을 한량없이 보내주실 수 있다', '하나님의 영을 소유한다는 것은 그리스도를 소유하는 것이다', '하나님은 본질상 영이시다', '하나님은 사람들 안에 거하시고 성령을 통해 일하신다' 또한 '성령 사역인 예수그리스도의 십자가 사역을 통한 구원의 진리를 증거하고, 죄인들을 거듭나게 해 구원의 길로 인도하며, 구원받은 백성을 천국까지 안전히 이끄는 인간 구원의 대역사'라는 사실을 알게 하셨다. 거의 처음으로 접하는 성령사역 집회였다. 성령은 나를 그 집회로 인도하셨다.

사도바울은 성도들을 향해 성령 충만을 받으라고 했다. 성령 충만을 받으라는 바울의 이 권면은 우리 안에 살아 계신 그리스도를 날마다 경험하는 삶을 살라는 가르침이다.

"하나님이 나사렛 예수에게 성령의 능력을 기름 붓듯 하셨으매 저가 두루 다니시며 착한 일을 행하시고 마귀에게 눌린 모든 자를 고치셨으니 이는 하나님이 함께하셨음이라(행 10:28)"

••• ✦ •••

장자권

2017년, 대전 한밭제일교회에서 장자권 집회가 큰 반향을 일으키고 있다는 말을 듣고 관심이 생겼다. 그러던 참에 지인 목사가 한번 가보자고 제안을 했다. 목사 4명이 부부동반으로 대전에서 일 박을 하고 집회에 참여했다. 전국에서 집회에 참석하기 위해 모여든 800여 명의 목회자와 성도들로 교회가 가득 찼다.

기도의 사람으로 알려진 이영한 목사는 강대상 옆에서 기도로 하루를 산다고 했다. 그의 장자권에 관한 저서 10여 권은 모두 기도의 응답을 받아 한 권 한 권 책으로 만들어졌다. 모든 교재는 말씀 중심으로 해서 알기 쉽게 문답식으로 구성돼 있었다. 그의 저서 중 《순종1》의 핵심은 "모든 인류를 죄와 사망의 저주로 몰고 간 불순종을 다스리는 것이 순종의 길이다. 예수님처럼 말씀에 순종하는 것이다. 불순종은 저주이며 사망이다. 순종은 축복이요 생명이다. 즉 말씀에 순종만 하면 하나님이 함께하시며, 세상을 이길 힘을 주신다"라는 내용이었다. 정말로 명쾌한 이론 정립이라 생각되었다.

이영한 목사의 교수법은 말씀에 기초한 간단명료한 강의였다. 또 많은 기도가 쌓인 성령님의 역사하심 속에서 이루어졌다. 집회 중간에 이탈리아 콩쿠르에서 3번 입상하고 세계 최초로 갓페라가스펠+오페라란 새로운 장르를 만든 김민석 전도사의 깊은 울림을 주는 음성에, 절규하는 듯한 음량의 하나님 찬양은 압권이었다.

나는 장자권 집회에서 배운 많은 것을 교회에 적용했다. 문답식으로 전 교인이 함께 참여하도록 제작된 교재도 아주 유용했다. 핵심 정리, 감사와 회개의 결단, 명령과 선포로 전체 내용 파악이 용이했기 때문이다. 지금도 교재를 바꾸어가며 전교인이

159

참석하는 예배를 드리고 있다. 그리고 이곳에서의 사역은 기도로 완성되었기 때문에 성령의 역사가 강력히 나타난다.

"사람의 지혜가 가르친 말로 아니하고 오직 성령께서 가르치신 것으로 하니 영적인 일은 영적인 것으로 분별하느니라(고전 2:13)"

- - - ◆ - - -

바울성서 세계선교회

1992년 2월, 바울성서 세계선교회는 성경을 통해 바울 같은 제자를 양육해 세계를 선교하려는 목적을 가지고 설립됐다. 설립자 강태원 목사는 아시아, 유럽, 호주, 미국 등 전 세계를 무대로 목회자 및 리더 훈련학교, 세미나, 영성 집회 등을 실시하고 있다. 그는 순수 신앙·순수 복음을 기초로 한 성령운동·말씀운동·사랑의 실천운동을 전개하고 있다.

단체 수련을 위해 성령치유훈련학교정규반, 고급반, 최상급반, 내적치유학교, 하나님의 축복학교, 능력기도세미나, 질병치유학교, 능력전도학교 등을 운영하고 있다. 말씀을 중심으로 모든 사역을 준비하고 실행했으며, 학부에서 전자공학고려대을 전공한 사람답게 모든 사역을 세밀하게 계획하고 무척이나 정교하게 운영했다. 또한 올바른 훈련으로 신유와 성령 사역에 대한 모든 부분을 재검토하고 재정립했다. 특히 그는 자신에게 발병한 두 차례의 폐결핵을 신유의 능력으로 고침받은 경험도 갖고 있었다.

2014년 정영철 목사로부터 강태원 목사의 능력기도에 관한 이야기를 들었다. 곧바로 논현동 성서중앙교회에서 실시하고 있는 3박 4일 과정인 PBM 성령치유훈련학교에 들어갔다. 말씀 중심으로 엮어가는 빈틈없는 그의 말씀 사역에 큰 감명을 받았다. 그래서 약 3년간 열심을 다해 정규반 4회, 고급반 2회, 최상급반의 모든 과정을 이수했다.

나는 그 세미나에서 체험한 능력기도를 통해 단단한 기도의 틀을 세울 수가 있었다. 능력기도에는 제거기도, 성령기도, 응답기도가 있다. 제거기도는 회개기도, 겸손기도, 혼과 육의 불순물 제거기도로 구성돼 있다. 성령기도는 임하심통성, 묵상 기도와 흘러나오심통성, 묵상 기도로 구성돼 있다. 그리고 응답기도는 제거기도와 성령기도가 끝난 후 하도록 돼 있다.

나는 응답받는 데 방해되는 것, 막혀 있는 것, 방해하는 사단을 제거하기 위해 매일 능력기도에 열심을 내고 있다.

"온 무리가 예수를 만지려고 힘쓰니 이는 능력이 예수께로부터 나와

하나님의 품문으로

••◆•••
생명언어 설교

2016년 4월경 국민일보에 '생명언어 설교' 광고가 실렸다. 용인에 있는 모 교회에서 생명언어 설교에 대한 세미나에 참석했다. 많은 목회자가 운집한 가운데 설명회가 열렸다. 바로 옆자리에 박수환 목사가 자리했다. 그는 '생명언어 설교'를 침이 마르게 추천했다. 그는 하나님께서 무당의 돈으로 자기를 집회로 인도하셨다고 했다. 나는 등록비가 400만 원이나 됐기 때문에 조금 망설였다. 그런데 박수환 목사는 밤 12시까지 잠도 안자고 나를 설득했다.

결국 나도 생명언어 설교 과정에 등록했다. 내게는 생소한 배움이었다. 어느 정도 감을 잡았을 즈음이었다. 어느 날 우리 교회에 있는 물건 중에 사용하지 않는 스피커와 장롱 위에 있는 접철식 사다리를 필요한 교회에 기증하고픈 생각이 들었다. 먼저 박수환 목사에게 필요할 것이라고 생각해 전화했다. 장롱 위에 있는 사다리를 내려놓으려고 플라스틱 의자를 밟고 내리는 순간, 나는 균형을 잃고 넘어졌다. 넘어진 순간 너무 아파서 비명 소리도 나오지 않았다. 의자가 넘어지면서 나의 좌측 경골 중앙부를 때려 골절시켰다.

그 사고로 인해 나는 입원해서 수술을 했고, 6개월 후에 대전에서 다시 다음 기수로 교육을 받아야 했다. 지팡이를 짚고 대전까지 버스, 전철, 기차로 갈아타면서 힘든 교육을 받았다. 지팡이를 짚고 다니는 게 얼마나 힘들었던지, 아픔 중에서는 경골 골절이 가장 힘들다고까지 생각했다. 차라리 팔이 부러지는 게 나을 뻔했다고도 생각됐다. 그러나 알고 보면 하나님의 도우심으로 경골 골절에서 그친 것이다. 눈을 다쳤으면 교육 자체가 불가하고, 오른손을 다쳤으면 글을 쓰지 못했을 것이다. 하나님께서는 교육을 이어가게 하시고 내 교만을 꺾으시려고 그런 사고를 허용하신 것이다.

나는 그곳에서 배운 대로 말씀 속에서 하나님의 은혜를 찾고 정리했다. 하나님의 은혜와 율법이 같이 있을 때는 하나님의 은혜를 선택했다. 그리고 설교문 작성 능력을 향상하는 법체계화의 능력, 예리함, 감성적 표현 능력도 꾸준히 훈련했다.

"우리가 하나님과 함께 일하는 자로서 너희를 권하노니 하나님의 은혜를 헛되이 받지 말라(고후 6:1)"

실로암치유센터

1990년 경, 민상기 목사는 손끝으로 아픈 곳이 감지되면서 치유 능력이 들어가는 은사를 받았다고 한다. 또한 그의 사모는 방언 통역과 예언의 능력을 받았다.

이들 부부의 주요 사역은 영분별의 은사를 통한 영 진단과 회개를 돕는 것이다. 그리고 회개하는 정도에 따라 합법적으로 들어온 저주가 제거된다고 한다. 그 결과 잘 치유되지 않고 고쳐지지 않는 체질·습관·성격이 바뀌기도 하고, 난치병과 불치병이 치유되기도 한다고 했다.

2006년 대전에서 목회하는 유태종 목사에게서 전화가 왔다. 인천에 있는 실로암치유센터의 2박 3일 세미나에 반드시 참석하라는 권유였다. 유 목사의 계속되는 권유로 나는 그해 7월 세미나에 참석했다.

이곳 실로암치유센터의 회개 기도문에서는 우리 민족의 4대 우상숭배 대상인 제사, 부처불교, 무당점쟁이, 미신잡신을 섬긴 죄를 진심으로 회개해야 한다고 했다. 특히 우리나라는 여러 가지 제사가 80여 종이나 되며, 우리 민족은 귀신의 소굴에서 살아온 것이라고 했다. 또한 우리는 약점, 장애, 가난, 질병 등 우리가 처한 불안정한 상황을 호전시켜 준다는 불공과 아무 힘이 없는 돌부처·나무부처 등에 지나치게 의존해 왔고, 우리의 생사화복을 주관하시는 하나님을 찾지 않고, 무당과 점쟁이를 더 쉽게 찾았다며, 관상, 토정비결, 사주팔자, 손금, 궁합, 부적, 산신령, 달마도사 등 미신·잡신이 아주 흔하게 우리 생활에 녹아들어 있다고도 했다. 개인의 죄성 회개는 교만을 비롯해 21가지가 있음도 가르쳐 주었다.

새삼 나는 우리의 주변 환경이 수없이 많은 죄의 굴레에 둘러싸여 있음을 알게 되었다. 그날부터 교인들과 어르신들께 우리 주위에 수많은 제사의 죄악됨과 미신·잡신이 진을 치고 있음을 상기시켜 드린 후, 거기에서 벗어날 것을 가르쳤다. 성령은 나와 내 주변 사람들에게 우상숭배의 죄악을 떠나 하나님이 주신 복을 받도록 이끄신 것이다.

"보혜사 곧 아버지께서 내 이름으로 보내실 성령 그가 너희에게 모든 것을 가르치고 내가 너희에게 말한 모든 것을 생각나게 하리라(요 14:26)"

실버 처치

　2015년 국민일보에 '실버 처치'에 관한 안내 광고가 실렸다. 나는 평소 노인 사역에 관심이 많았으므로, 즉시 문의 전화를 걸었다. 그 당시는 전도가 잘 안 되는 시점이어서, 나이 많은 어르신 전도가 알맞은 방법이겠다고 생각돼서다. 창시자인 윤인규 목사는 실버 처치 사역을 위해 조기 은퇴를 하고 원로목사로 시무하며 노인들의 영혼 구원을 위해 전력했다.

　전화로 방문 날짜를 정하고 나서 우리가 준비할 사항을 알려 주셨다. 방문 날짜가 되자 목사 부부가 교회에 왔다. 차를 한 잔 하고 즉시 노인정과 시장에 들렀다. 어르신들께 미리 준비한 쌀표1kg를 주며 교회에서 토요 실버 처치가 열림을 알렸다.

　평소에 전도할 때는 반응하지 않던 어르신들이 적극적인 반응을 보였다. 70세 이상 되는 어르신들이라선지, 이분들은 쌀에 강한 향수를 갖고 있는 듯했다. 물론 윤인규 목사는 이 점을 간파하고 있었다.

　첫 번째는 15명이 토요일 실버 처치 예배에 참석했다. 횟수가 증가함에 따라 107명까지 참석하더니, 나중에는 앉을 자리가 없어 바닥에 자리를 깔고 앉아 예배를 드렸다. 토요 실버 처치 예

는게

배는 시간이 지남에 따라 주차별로 오시는 분들이 불균형을 이뤘다. 어떤 토요일은 많은 분이 오시고, 어떤 토요일은 적게 오셨다. 다른 교회의 실버 처치 예배에 참석해 못 오는 경우도 있고, 다른 종교나 복지시설 행사에 찾아가느라 못 오는 경우도 발생했다. 다과 준비와 차 그리고 쌀을 예상 인원대로 미리 준비하기가 몹시 힘들었다.

일단 어르신들이 교회에 들어오면 다과를 준비했다가 드렸다. 그리고 정확히 예배를 한 시간 드린 후에 가실 때는 1인당 쌀을 1kg씩 드렸다. 그런데 여름에 더울 때와 겨울에 추울 때가 되자 2시간 전에 미리 와서 대기하는 어르신들이 늘어났다. 시간을 맞춰 오라고 해도 막무가내였다.

그때 국민은행을 은퇴하고 중국에서 선교를 하다 시진핑 집권 후에 고국에 돌아온 이기권 목사가 큰 힘이 됐다. 설교와 어르신들을 위한 건강 상식 안내 그리고 다과 운반과 쌀 배분까지 우리 교회에 많은 도움을 주었다.

아내는 금요일 오후에는 마트에 가는데, 이번에는 과일을 드릴까, 빵을 드릴까, 차는 무엇으로 할까 하며 고민을 많이 했다. 또 보유해 놓은 쌀이 줄어들면 쌀값 걱정부터 했다. 그래도 감사한 것은 큰딸 다정이가 매월 55만 원씩 지원했고, 둘째 다영이도 재정적으로 힘을 실어주었다. 막내 다은이는 어르신들께 다과 및 차를 대접하는 봉사를 기꺼이 맡았다.

"우리가 알거니와 하나님을 사랑하는 자 곧 그의 뜻대로 부르심을 입
은 자들에게는 모든 것이 합력하여 선을 이루느니라(롬 8:28)"

∙∙∙✦∙∙∙
여호와 이레

예수사랑교회 임대 기간이 2021년 5월 30일에 종료됐다. 그리
고 건물 주인이 향후부터는 교회를 임대 대상에서 제외한다고
결정했다. 다시 한 번 확인하며 물었지만 대답은 동일했다.

건물 주인의 단호하게 결정을 하고 나니 무엇보다도 성전 기
구와 물품을 빼는 일을 서둘러야 했다. 평소에 친분을 유지하고
있는 홍 목사와 김 목사에게 도움을 요청했다. 하지만 두 분도
뚜렷한 대안은 없었다. 코로나19로 문을 닫는 교회가 많아 오히
려 교회마다 집기 등의 물품이 넘쳐난다고도 했다. 기독넷에 한
번 올려보라는 것이 전부였다.

스마트폰으로 촬영해서 기독넷에 올렸다. 맨 처음에 온 문의
전화는 의자였다. 그러나 우리 교회의 의자 길이가 너무 길어 자

느게

기 교회에는 반입할 수 없을 것 같다고 했다. 안타깝지만 어쩔 수 없었다. 두 번째 온 전화는 주보 꽂이 문의였다. 약속 날짜를 잡고 이번엔 바로 그날에 가져갔다. 세 번째는 육십이 넘은 여자 전도사가 직접 찾아왔다. 음성군에 있는 시골 교회인데 50년이 넘었고 재정이 빈약해서 모든 교회 기구와 물품이 낡고 부실하단다. 그곳의 신임 목사는 50대로 서울에서 목회하다가 이번에 부임했다고 했다. 즉시 십자가를 위시해서 강대상, 음향 장비, 장의자 및 기타 물품 등 모두를 가져가기로 결정했다.

그러나 이틀 후에 다시 전화가 왔다. 성전 기구와 물품을 옮기려면 5톤 트럭이 필요한데, 돈이 없어 포기하기로 결정했다며 미안하다고 했다. 아쉬운 마음이 들었다. 그러나 방법이 있을 것 같았다. 불현듯 얼마 되지는 않지만 건축헌금이 생각났다. 많은 금액은 아니지만 건축헌금이 통장에 예금돼 있었다.

그 헌금으로 물품 운송 대금을 지불하면 좋겠다는 생각이 들었다. 어차피 나는 일흔이 넘어 이제는 교회 건축이 힘든 상태였다. 많은 돈은 아니지만 이번이 절호의 기회일 것으로 생각됐다. 바로 그때 아내로부터 전화가 왔다. 그러더니 나와 똑같은 생각을 말하는 것이었다. 그래서 교회 기구 나눔과 물품 운송 문제는 쉽게 해결됐다.

지난해 가을이었다. 친구와 같이 방문한 여자 전도사가 하나

169

하나님의 품꾼으로

님께 심는 거라며 50만 원을 헌금하고 갔다. 전문 사역은 하지 않고 직장에 다니는 그분으로서는 거금일 거라고 생각됐다. 또 작년 말에는 홍 목사가 30만 원을 헌금했다. 홍 목사가 어려운 걸 알기에 거절하고 싶었지만, 하나님께 드리는 것이므로 감사히 받아 건축헌금 통장에 넣었다. 그리고 금년 4월이었다. 주일 예배 후 이사를 하기 위해 도서를 정리하고 있었다. 노크 소리가 나서 문을 열어보니, 건장한 청년이 음료수 박스를 들고 서 있었다.

"저는 신학대학원생입니다. 이 앞을 지나가다가 갑자기 들르고 싶은 마음이 생겨서 왔습니다.

순간 혹시 신천지 신도가 아닌가 하는 생각이 스쳤다.

"예배도 끝났으니 돌아가십시오."

그랬더니 돈 봉투를 내밀고, 음료수 박스를 밀어넣은 후 뒤도 돌아보지 않고 가버렸다. 봉투를 확인해보니 30만 원이 들어 있었다. 일을 마친 후 집에 가려고 교회 문을 열었다. 그런데 자세히 보니 문틈에 20만 원이 끼어 있었다. 교회가 어려움에 처했다는 걸 알고 20만 원을 추가로 헌금했다는 생각이 들었다. 대단한 믿음의 신학대학원생이라고 잠시 생각하다가 그것도 건축헌금 통장에 예금해 두었다.

작년 후반기 이후 약 6개월 동안에 130만 원의 건축헌금이 들어왔다. 시골 교회에 교회 기구와 물품 운송 비용과 거의 비슷

한 수준의 건축헌금이 적립됐다. 기독교에는 우연이 없다. '여호와 이레' 하나님께서 어려운 시골 교회를 위해 미리 준비하신 것이다.

···◆···

다 나았다

지난 삼월이었다. 친구인 고 사장이 나를 방문하겠다고 연락이 왔다. 지금 지하철을 타고 출발했다고 했다. 그는 갑작스러운 중풍으로 거동이 불편한 상황이었다. 중풍 병자가 된 친구를 어떻게 대해야 할지 몰라 난감했다. 그래서 일단 오지 말라고 했다. 그런데 그렇게 말하고 나니 마음이 불편했다. 중풍으로 거동도 제대로 못 하는 친구가 찾아오겠다는데 박절하게 막다니, 안 되겠다 싶어 다시 오라고 전화했다.

고 사장은 1969년 1월, 군 입대 시 같은 버스 옆자리에 앉아 논산훈련소까지 함께 간 훈련소 입소 동기였다. 머리도 명석하고 영어도 능통했다. 군 생활 8년 동안에 1년은 예비고사 준비, 4년은 야간대학 졸업, 3년은 야간대학원 졸업, 4개월은 보일러 자격증을 획득한 후 대위로 제대했다.

그는 제대 후 기아산업에 들어갔다. 그러다가 적성이 맞지 않아 사표를 내고 1980년에 미국에 가서 컴퓨터를 배우고 귀국해서 안양에 컴퓨터 조립 공장을 세웠다. 그러나 안타깝게도 사업은 쉬운 것이 아니어서 크게 성공하진 못했다.

하지만 그는 돈 버는 방법을 아는 많은 사람을 친구로 만들었다. 특히 유엔주재 특파원인 김영철 박사는 환경에 관한 최신 자료를 많이 보내왔다. 그중 하나를 역삼동에 있는 내 사무실에서 실험했다. 그때 작은 화재를 내서 조그만 화상을 당한 적도 있었다. 내가 옆에서 지켜보니 그의 눈에 돈은 보이는데, 그의 수중에 들어오지는 않았다.

그는 파키스탄, 아프카니스탄, 이란, 사우디아라비아, 아랍에미리트, 케냐, 탄자니아 등 20년이 넘는 세월 동안 돈을 좇아 죽음과 위험을 무릅쓰며 돈 벌 가능성이 있는 지역을 샅샅이 훑고 다녔다. 그러자 강철 같은 그의 건강도 어느덧 위험 신호를 보냈다. 탄자니아에서 금광 일을 마치고 귀국 비행기에 탑승했을 때 기내에서 중풍으로 쓰러졌다. 겨우 귀국한 후에 한국에서 중풍의 권위자가 목포에서 한의사로 있다는 정보를 입수하고, 만사 제치고 목포로 가서 중풍 치료를 받았다. 그러나 중풍은 낫지 않았다. 다음에는 신설동에 북한 김일성 주치의의 딸이 중풍 치료에 탁월한 능력이 있다고 해서 치료를 받았지만 역시 허탕이었다.

　그런 상황에서 지푸라기라도 잡는 심정이었는지, 아니면 하소연이라도 하고 싶은 마음이었는지 모르지만, 중풍에 걸린 몸으로 지팡이를 짚고 내게 오고 있는 것이다.

　나는 우둔한 머리를 재빨리 굴렸다. 전신의 막힌 혈과 기를 뚫어 자연 치유를 하는 나 원장에게 전화를 했다. 전에 그가 기역자 몸이 된 기도원 원장을 치료한 것이 생각났기 때문이었다.

　"원장님, 혹시 중풍 병자를 치료해보셨습니까?"

　"모시고 오세요."

　의대도, 한의대도, 간호대도 나오지 않은 분이 무슨 특별한 방법으로 치료하는지는 잘 모르지만, 별다른 방법이 없기에 고 사장을 데리고 치유센터로 갔다.

　마침 나 원장 친구인 김 원장도 그곳에 와 있었다. 그 둘은 다 죽어가는 생선을 요리하듯이 처음 보는 기기로 고 사장에게 강력한 자극을 주고, 만년필 같은 구리줄로 슥슥 긁었다. 다시 위치를 바꿔가며 전신을 주물렀다. 땀을 흘리면서 온 힘을 다해 고 사장을 치료했는데, 시계를 보니 벌써 3시간이 넘고 있었다. 고 사장은 아픔을 참느라고 얼굴이 일그러졌다. 그러나 고 사장은 이번 치료가 마지막이라는 각오로 치료에 임하는 것 같았다. 그는 아픔과 고통을 참고 또 참았다. 치료가 끝난 후 고 사장은 한

동안 멍한 상태로 말을 제대로 하지 못했다.

다음 날 나 원장으로부터 전화가 왔다. 환자 상태가 너무 심해 무임으로 치료해줄 터이니, 고 사장을 다시 그 센터로 보내달라는 전화였다. 나는 고 사장에게 여러 번 전화를 했는데 불통이었다. 그리고 한나절이 지나고 나서야 고 사장으로부터 전화가 왔다. 대구에 갔다가 무안으로 가고 있는 중이라고 했다.

"야, 너 미쳤니? 그런 몸으로 또 사업을 해?"

그랬더니 고 사장이 멀쩡하게 말을 했다.

"나, 다 나았다."

그 후로 고 사장은 거동이 정상으로 돌아왔고 건강을 되찾았다. 지금은 금을 좇아서 탄자니아에 가 있다. 하나님께서는 사람을 통해 역사하신다. 표면적으로는 믿음이 강한 나 원장과 그의 친구가 고 사장을 낫게 했지만, 그들 뒤에는 강력한 성령님의 역사가 있었다.

••• ◆ •••

나까지도

이사 갈 집은 23평으로, 비율로 보아서는 이삿짐을 반으로 줄여야 했다. 그동안 마음만 바빴지 이삿짐 줄이기는 진척을 보지 못했다. 이사 날짜가 6월 8일로 확정됐다. 갑자기 마음이 바빠졌다. 한 달 내에 이삿짐을 절반으로 줄인다는 것은 아주 어려운 일이라고 생각됐다. 더군다나 평생 포장 이사만 했지 스스로 분류하는 이사는 해보지 못했다. 그런데다 현재 교회가 10년이 넘는 동안에 목회자가 5번 이상 바뀌다 보니, 전임자들의 필요 없는 물건도 너무 많이 쌓여 있었다.

나와 우리 가정의 제일 많은 물건은 책과 의류이고, 그다음이 식기와 수석이었다. 책은 무조건 버릴 수가 없어 낱낱이 분류를 했다. 먼저 보유하고 있는 책 중에 곰팡이가 서식한 책, 변색된 책, 너무 오래된 책, 파손된 책, 전집 중에 1-2권이 빠진 책, 군대 서적 등으로 구분했다. 이렇게 분류가 된 책은 파지 아주머니를 불러 정리했다. 최근에 구입한 책 중에서 내가 평생에 읽을 가능성이 없는 책도 따로 분류했다. 분류 작업은 아주 많은 시간이 소모됐다.

먼저 나 원장의 큰딸이 미술대학원에 재학 중이라는 생각이 떠올랐다. 그래서 의중을 타진해보았다. 가져가겠다고 했다. 세월이 흘렀지만 제법 값이 나가는 책들이었다. 그래서 승용차 1대분의 책을 그리로 처분했다. 책을 전할 때 무거운 '옥' 화병도 덤으로 주었다.

다음은 책을 좋아하는 홍 목사였다. 홍 목사는 법대 출신으로 학구파였고 독서가 생활이 된 분이었다. 최근 구입한 《메시아 전집》 4권도 주었고, 《성경의 배경》이란 책도 주었다. 그리고 기독교 서적과 잡다한 문학 서적도 주었다. 몇 번에 걸쳐 모두 실어갔다.

의류는 막내딸의 것이 가장 많았다. 언니 둘이 못 입게 되면 막내에게 보내오고 해서 집안 곳곳에 옷이 쌓여 있었다. 막내딸은 자기에게 맞는 옷만 남겨놓고, 값이 나갈 만한 옷은 당근마켓에서 팔았다. 그리고 나머지는 자선기관에 기증했다.

문제는 나다. 책 정리에 너무 열중한 나머지 옷 정리를 제대로 하지 못했다. 넓은 면적과 무게가 많이 나가서 부담이 되는 짐은 그동안 모은 수석이었다. 한 시절 수석 모으는 것이 유행이었다. 약 20년 동안 심혈을 기울여 시간과 노력을 들여 모은 수석이었다. 그러나 지금은 버려야 할 무거운 짐으로 변해 있었다. 수석 전문가인 친구에게 처리를 물었더니 농장 주위에 가져다가 조경석으로 활용하라고 했다.

그러나 그곳에는 더 이상의 돌이 필요없었다. 활용방법을 고심하고 있을 때, 홍 목사가 가져가겠다고 연락이 왔다. 너무 고마워서 가져갈 때 덤으로 기타와 기념컵, 보온통도 같이 보냈다. 내가 좋아하는 걸 홍 목사가 좋아해 주니, 누이 좋고 매부 좋은

격이 됐다.

그동안 쌓인 식기도 엄청나게 많았다. 냄비, 알루미늄 및 철로 된 식기는 밖에 내놓기가 무섭게 누군가가 가져갔다. 나머지는 재활용으로 처리했다. 청소 도구는 파지 아주머니에게 자루가 알루미늄으로 되어 있으니 가져가라고 했다. 상당한 청소 도구들도 전부 정리했다. 물건 버리기에 맛을 들인 아내는 웬만하면 모조리 다 버리자고 했다. 그러나 나는 만약 무슨 사역을 할지도 몰라 망설였다. 그런 이유로 가끔 충돌이 발생했다.

전체 살림 중 거의 절반을 버렸다. 그런데도 자꾸 눈에 띄는 물건이 생겼고, 계속 버리고 싶은 생각이 들었다. 버릴까 말까 망설이면서 이삿짐을 줄여 나갔다. 나와 가족이 직접 정리하고 포장하는 이사를 처음 해보니, 오래된 물건은 다 버리고만 싶었다. 심지어는 나까지도!

••◆••

핑계

간밤에 잠을 설쳤다. 그렇지만 계획대로 오전 8시경, 여주의 이사 갈 집에 가지 않으면 안 된다. 도배와 청소를 하기 위해 업

하나님의 품꾼으로

자와 계약을 했기 때문이다. 월요일 새벽 시간대인 5시 30분에 출발했다. 한국 사람들은 참 부지런한 민족이다. 새벽인데도 월요일이라 평소보다 많은 차로 거의 전 도로가 붐볐다.

같이 가고 있는 아내는 수면제를 먹고 잤는데도 잠을 설쳤단다. 그리고 전날 무엇을 잘못 먹었는지 토하고 구역질이 난다고 했다. 결국 휴게소에 들러 안정을 취한 후에 다시 출발했다.

7시 50분경에 청소 담당 박 사장으로부터 전화가 왔다. 지금 이사할 집 앞에 도배 사장과 같이 왔는데, 내가 알려준 번호대로 눌렀는데도 아파트 문이 열리지 않아서 도배와 청소를 하지 못하고 있다고 했다. 아내는 즉시 아파트 소유자에게 전화를 했다. 아파트 소유자는 집을 나올 때 아파트 키 번호를 0000으로 해놨고, 두 번이나 확인했다고 했다. 아파트에는 자동 키가 2개 있으니 도배 사장이 잘못했다는 것이다. 계속 자기는 아무 잘못이 없고 도배 사장이 잘못했다는 말만 반복했다.

어쩔 수 없이 이번에는 새로 아파트를 산 사람에게 전화를 했다. 그 사람은 아직 아파트가 자기 앞으로 등기 이전이 안 돼서 모르겠다고 했다. 세 번째로 아파트 전세를 소개한 부동산 사장에게 전화했다. 부동산 위치는 아파트에서 300m도 안 되는 근거리에 있었다. 부동산 사장은 아파트 이전 소유자의 이야기를 들어보더니 우리가 잘못했다고 했다. 그러면서 입주 안 할 거냐며 협박조로 말했다.

8시가 조금 넘어 아파트 입구에 가보니, 도배할 재료들과 청소 도구가 집 앞에 쌓여 있고 인부들은 입이 댓발이나 나와 있었다.

"이런 경우는 처음 겪는 일입니다."

아파트 문에 붙어 있는 열쇠수리공에게 연락을 했다. 먼저 전화를 받은 분은 자기는 이 열쇠를 열 수 없다고 했다. 두 번째로 온 열쇠수리공은 이 열쇠는 열 수 없으니 부숴서 여는 수밖에 없다고 했다. 그리고 공임으로 40만 원을 요구했다. 도배 사장과 청소 사장이 이곳저곳 연락해 제3의 수리공이 왔다. 그는 오자마자 하단에 있는 수동 열쇠를 부수려고 했다. 그래도 되지 않자 바로 두 번째에 있는 자동 열쇠를 부수기 시작했다. 그는 시원시원하게 일을 잘 했다. 그러면서 가장 위에 있는 자동 열쇠도 너무 오래됐으니 바꾸자고 했다. 그래서 순식간에 2개의 자물쇠를 부수고 자동 열쇠를 새로 달았다. 15만 원을 달라고 해서 주었다. 이날 일은 결국 성령님의 도우심으로 끝났다.

이 아파트는 우리가 전세 계약금 1,300만 원을 주고 계약했다. 우리가 지급한 대출 1억 400만 원과 잔금 1,300만 원을 받아서 샀기에, 새로운 아파트 주인은 자기 돈 700만 원만 들었다. 적극적인 부동산 중개업자의 도움을 받아 구입한 셈이다. 집주인은 우리 경우를 제외하고도 여러 건의 부동산을 이런 식으로

하나님의 품꾼으로

구입한 것이었다. 이러니 정부에서 아무리 부동산 정책을 내놔도 헛된 정책이 되는 것이다.

앞에서 언급한 소소한 아파트 전세 과정만 놓고 보더라도, 인간은 스스로 할 수 있는 일이 별로 없는 듯하다. 부동산 문제는 전국에 있는 부동산 업자들과 적은 노력으로 큰돈을 벌려고 하는, 소위 일확천금을 노리는 사람들의 소행으로 판단된다. 우리는 공의를 실천하려고 노력해야 한다.

••◆••

얄미운 교인

우리 교회는 토요일 노인 사역을 중점으로 예배하는 교회다. 참석 인원은 65세 이상 어르신들 80명 정도다. 그리고 주일은 채 10명도 되지 않는 성도들이 예배를 드리는 작은 교회다. 토요일 노인 사역은 예배 직전에 어르신들이 먼저 오시기 때문에 마실 차, 빵, 또는 떡 등을 준비하고 운반하는 것을 돕는 일꾼이 필요했다.

그런 와중에 이 집사가 토요 예배에 참석했다. 나이는 50살 정도로 보이는데, 65세 이상 되는 어르신들 틈에서 거리낌 없이 예배를 드리고 있었다. 마침 일손이 필요한 터에 토요 사역 보조업무를 시켰다. 그러나 문제가 있었다. 자신보다 15살 이상 되는 어르신들에게 지시 조로 반말을 하는 것이었다. 그리고 자기와 친한 사람에게는 음식과 음료를 더 주었다. 그래도 다른 돕는 사람이 없어 간단히 넘기곤 했다.

이 집사는 주일 예배에도 참석해서 예배를 드렸다. 그리고 2년 정도 신앙생활을 한 후에 세례를 받고 집사로 임명됐다. 그런데 얼마 지나지 않아 주일 예배에 빠지는 횟수가 점점 늘어났다. 그러고 나서 그다음 주에 와서는 가정사로 불참했다고 말했다. 들리는 말로는 절에서 치르는 행사와 천리교에서 치르는 행사 등 어느 종교집단 가릴 것 없이, 무엇을 준다고 하면 얼른 그곳에 달려가는 걸 보았다고 한다.

우리 교회는 예배가 끝난 후에는 전 교인들과 함께 점심 식사를 했는데, 특별한 음식을 했거나 남는 음식은 사모가 간단히 포장해서 집에 갈 때 들고 갈 수 있도록 배려했다.

어느 날이었다. 이 집사가 이동식 플라스틱 의자를 어디서 구매했느냐고 물었다. 그래서 시장 어디를 가든지 살 수 있다고 대답했다. 한 달 내내 주일만 되면 똑같은 질문을 했다. 그래서 값은 얼마 되지 않지만 플라스틱 의자 두 개를 이 집사에게 사 주었다.

하나님의 품꾼으로

얼마 후에 실내에서도 잘 자라는 꽃나무를 사다 심은 적이 있었다. 식당에 나 혼자 있을 때였는데, 다가오더니 저 꽃나무를 어디서 샀느냐고 물었다. 나는 어느 꽃집에 가든지 살 수 있다고 대답했다. 그 후에도 주일에 교회에 올 때마다 똑같은 질문을 했다. 결국 그 꽃과 같은 것을 사주고 말았다. 톱도 그런 식으로 가져갔다. 눈에 띄는 모든 것을 자기 집으로 가져가고 싶어 했다.

가난의 영이 그를 지배하고 있구나 싶으니, 그가 측은하고 불쌍한 생각이 들었다. 어느 날 갑자기 이 집사가 보이지 않았다. '무슨 일이 일어났나?' 하고 걱정이 되기보다 왠지 모르게 시원한 생각이 들었다. 나는 소견이 좁고 긍휼이 없는 목사였다.

··· ◆ ···

배신의 아이콘

2017년 가을이었다. 토요일, 노인 사역 예배에 65세 정도 보이는 박○○이라는 분이 찾아왔다. 한쪽 눈은 보이지 않고 한쪽 발도 성치 않아 지팡이를 짚고 있었다. 발음도 어눌했다. 예배가 끝난 후에 커피를 한 잔하면서 그의 이야기를 들어보았다. 이름만 대면 알 수 있는 대기업 건설회사에 건축 자재를 독점 납품을 했다고 했다. 그러다가 청주지역 아파트 공사 현장을 방문해 공정을 살피던 중 공사 중인 유리창문 틀이 통째로 떨어져 중상을 입고 겨우 목숨만 건졌다는 것이었다.

그분도 자연스럽게 주일 예배에 참석하게 되었다. 두 번째로 교회에 출석한 어느 주일에 자신은 중환자이면서 혼자 살고 있는데, 수급자 혜택을 받지 못하고 있다고 했다. 그러면서 내게 수급자 신청을 도와달라고 했다. 혼자 사는 그를 위해 목사로서 당연히 해야 할 일이라 생각돼, 그가 대충 적어 온 내용을 토대로 서류를 작성하여 동사무소에 제출했다.

그가 실직한 후에는 딸이 대신 회사에 다니며 근근이 생활했다고 한다. 최근에 그런 딸에게 애인이 생겨서 집에 찾아와 부모님께 인사드리러 왔다고 한다. 그런데 딸이 결혼을 하면 친정을 돕는 일에 방해를 받을 것으로 생각해 부인이 딸의 애인을 문전박대하고 집에 들어오지 못하게 했다고 한다. 그날 이후로 딸은 집을 나갔단다. 이번 서류도 딸의 동의가 필요한데 걱정이라고 했다. 우여곡절 끝에 딸을 만나 동의를 받았고, 동사무소에서 수급자 인증서가 나왔다. 그 일을 계기로 그와 나는 상당히 가까운 관계로 발전했다.

한번은 그가 내게 성경 필사를 하고 싶다고 했다. 나는 그의 열기가 식을까 봐 동대문 기독교 서점에 가서 성경 66권을 필사할 수 있는 책을 구매해 그에게 주었다. 사실은 나도 꼭 필사를 하고 싶었는데, 금전을 포함한 여러 가지 사정으로 미루고 있던 시점이었다. 나는 속으로 그가 나보다 신앙심이 더 깊다고 생각됐다. 필사본을 건넨 후에 그와 더욱 가까워지는 것을 느꼈다.

어느 날 그가 내게 할 말이 있다고 했다. 그의 말인즉 수급자가 됐는데 장애인 확인만 받으면 더 많은 돈을 국가로부터 받을 수 있다는 것이었다. 실명에 가까운 한쪽 눈을 정밀 검사하는 데 드는 비용이 40만 원이라고 했다. 매월 10만 원씩 갚을 테니 40만 원만 빌려달라고 했다.

재정을 담당하고 있는 사모에게 말했더니 교회 돈을 빌려주면 절대 안 된다고 했다. 사모에게 겨우 사정해서 40만 원을 빌려주었지만, 10만 원씩 두 번을 받았을 뿐이다. 차일피일 미루더니 그는 끝내 자취를 감췄다. 그러다가 우연히 전철역에서 그를 만났다. 그는 내 휴대전화 번호가 지워졌다고 했다. 그 후로도 시장과 도로에서 세 번을 더 만났다. 이제 그는 외눈과 절름발이에 마음까지도 병들어 있었다. 속이 부글부글 끓고 어처구니가 없었지만, 그를 용서했다. 내가 용서해야 하나님께서도 죄 많은 나를 용서하시지 않겠나 싶어서다.

"너희가 사람의 잘못을 용서하면 너희 하늘 아버지께서도 너희 잘못

184
늗개

응답의 하나님

　그 땅은 정남향에 앞과 우측으로 넓은 논이 쫙 펼쳐진 곳에 위치해 있었다. 비록 수로이긴 하지만 물길이 휘감는 295평의 마사토 토질의 임야였다. 보통 사람들이 말하는 명당자리였다.

　그 땅 안에는 부부 묘와 조금 떨어진 곳에 묘 하나가 더 있었다. 그 땅 뒤에도 묘 6기가 있고, 뒤 좌측에는 묘 4기, 그리고 그 땅 동쪽에는 묘 2기가 있었다. 그 땅 안에 있는 묘는 제사 지내는 상석, 경계석 등이 있는 것으로 보아 신분이 높았거나 지위가 있던 집안이라 여겨졌다. 그 땅 안에 있는 묘를 중심으로 15기의 묘가 군락을 이루고 있는 임야였다.

　묘가 안장돼 있는 그 임야를 제외한 주변 땅은 IMF 때 다 팔리고 그 땅 295평만 남아 있었다. 그 안에 묘가 있고, 묘의 친척 되는 분에게 이장을 요구했더니 터무니없는 가격을 제시해서 협상이 결렬됐기 때문이었다.

　어느덧 20여 년의 세월이 흘렀다. 2020년 1월 말경, 지나는 길에 혹시나 하고 그 땅에 가보았다. 역시 그대로였다. 그래서 그 지역 부동산에 들러 묘를 이장할 수 있도록 중간 역할을 해달라고 부탁했다. 연락을 주면 다시 내려오겠다고 말하고 나는 서울로 올라왔다.

그런데 올라와서 곰곰이 생각해보니, 마냥 기다려서 될 일이 아닌 것 같았다. 특단의 대책이 필요함을 절실히 느꼈다. 그래서 하나님께 매달리는 수밖에 없다고 생각하고, 매일 밤 자정부터 다음 날 정오까지 금식 기도를 시작했다.

'일흔이 넘은 목사가 금식 기도를 하니, 하나님께서 봐주시지 않겠나.'

하나님의 응답은 즉시 나타났다. 부동산에 부탁한 뒤 열흘도 되지 않아 그 땅 안에 있는 묘 3기를 다 파갔다는 연락이 왔다. 며칠 후 그 땅에 가보니, 기적같이 묘 3기가 없어지고 그 자리는 포크레인 자국만 남아 있었다. 금식 기도는 계속되었다. 왜냐하면 서울 수도권을 벗어나 시골로 교회를 이전하기 위해서는 돈이 필요하기 때문에, 평당 최저가로 살 수 있도록 해달라고 계속 기도드리는 수밖에 없었다.

시청에 그 땅 측량을 의뢰해 놓고 다시 가보니, 뒤에 있는 6기 묘와 뒤 좌측에 있는 묘 4기도 이장해서, 이제는 공동묘지 군락이었던 산이 평지가 돼 있었다. 그 땅을 측량하고 포크레인으로 평탄하게 작업을 한 후 약간의 조경을 했다. 그러자 이번에는 남아 있는 동쪽 묘 2기가 유독 도드라져 보였다. 그래서 그 묘가 보이지 않도록 측백나무 7그루를 심었다. 그래도 측백나무 위로 볼썽 사납게 묘의 봉분이 보였다.

그렇게 한 달 정도 지났을까? 친구들과 강원도 평창에 들렀다가 서울로 가는 도중에 다시 그곳에 들렀다. 한데 사람들이 웅성웅성하고 있었다. 웬일인가 하고 보니 마지막까지 남아 있던 동쪽의 묘 2기를 포크레인을 동원해서 이장하고 있었다. 하나님의 응답이 아니고서는 설명할 수 없는 일이었다.

며칠이 지난 후 부동산에서 연락이 왔다. 그 임야 바로 앞에 전신주가 섰다는 것이다. 그 땅에서 동쪽으로 50m 지점에 있는 윗논에 물을 대기 위해 전기시설을 했다는 것이다. 하나님께서 묘지뿐만 아니라 전기도 공짜로 설치해주신 것이다. 그런가 하면 그 땅에서 큰길로 나가는 도로가 중간에 노란 선이 있어 우측으로 한참 갔다가 유턴해야 했는데, 그 길 가운데 노란 선을 제거해서 좌회전을 할 수 있도록 시에서 작업한 일도 있었다. 이것 역시 하나님께서 역사하신 것이었다.

그러나 바로 우측 앞에 우사가 있어 그것이 걸림돌이 되고 있다. 우리 하나님께서는 그것도 이전시켜 주실 줄 믿는다. 믿고 신뢰하고 의지하면, 모든 것을 계획하시고 이루시는 하나님이니 다 이루어주실 줄 믿는다. 할렐루야!

• •• ◆ ••• •

밤고구마

2021년 5월의 구양리 산 26-3은 황량하기 그지없었다. 전년도에 주목나무, 영산홍, 철쭉, 측백 등을 경사면과 경계 지역에 심었으나 무척 단조로웠다. 친구들이 왕뽕나무, 왕벚꽃나무, 석류나무를 사와서 심었다. 또 동생은 왕보리수나무, 왕뽕나무, 살구나무, 가시뽕나무를 심고 갔다. 평창에 있는 친구로부터 땅두릅 60그루를 캐다가 척박한 곳에 이식했다. 나는 후박나무, 개복숭아나무, 아로니아 나무도 구입해 심었다. 경계지, 경사지 등 척박한 곳은 일단 나무로 거의 채웠다.

나머지 200여 평 되는 평지는 황토가 섞인 마사토이기에 고구마가 적합할 것 같은 생각이 들었다. 여주 밤고구마는 전국에서 알아준다고 하지 않는가? 또 어릴 때 생각에 고구마 농사가 제일 쉬울 것이라는 선입견도 한몫했다. 일단 고구마를 심기로 결정했다. 퇴비와 비료를 사서 뿌린 뒤 경운기로 갈아엎고 고랑을 냈다. 인부 2명을 동원해 이틀 동안 고구마 묘를 사다 심었다. 그

위에 비닐을 덮었다. 그리고 일주일 후에 고구마 묘 부분의 비닐을 절개해 고구마 순이 자라도록 조치했다. 곳곳에 죽은 고구마 묘는 제거하고 보강했다.

초기 투자비용은 100여만 원이 소요됐다. 그런데 7월 하순으로 접어드는 시기에 2주간 비가 오지 않았다. 그러자 고구마 순이 뒤집혔다. 죽어가고 있었다. 비가 오지 않아 수분이 없는 데다 토질이 마사토라 배수가 너무 잘 돼 가뭄을 탔던 것이다. 많은 지역에 물을 줄 수도 없어 안타까움만 가중되는데 속수무책이었다.

그때였다. 근방에 고추 농사를 짓는 아저씨를 만났다. 그는 고추밭 농사를 많이 하고 있어서 항상 트럭에 양수 장비를 싣고 다녔다. 불고체면하고 도움을 요청했다. 아저씨는 흔쾌히 냇가에 트럭을 세우고 양수기를 작동시켜 고사 직전의 고구마밭에 물을 충분히 뿌릴 수 있도록 두 번이나 도와주었다.

추석이 지나 고구마 캐기가 시작됐다. 먼저 낫으로 줄기를 잘라내고 비닐을 제거한 후 호미로 고구마가 상하지 않게 지극정성으로 캤다. 그러나 생각보다 상처 난 고구마가 많이 생겼다. 그리고 아직 덜 자란 고구마도 많았다. 그러나 상처가 나거나 덜 자란 아기 고구마도 남김없이 수확했다.

수확한 고구마는 햇볕에 말려서 종이상자에 담았다. 수확하는

하나님의 품꾼으로

시기에 비가 오면 고구마에 묻은 흙을 제거할 때 상처가 생긴다. 따라서 비가 온 다음 바로 캐지 말고 3-4일 후에 캐야 고구마에 흙이 묻어나지 않는다. 그러나 금년에는 가을비가 자주 와서 시기 조절이 어려웠다. 고구마를 캐서 5일 정도 건조한 후에 먹으니 당도가 증가해 맛이 좋았다.

그동안 살면서 내게 도움을 주신 분 20여 명과 친척 10여 명을 포함하여 40여 명의 주위 분들에게 고구마를 선물했다. 생각하면 할수록 보낼 곳이 자꾸 생각났다. 더 보내라는 주문이 쇄도했는데 물량이 부족했다. 특히 사모는 약속을 지키지 않으면 큰일 나는 줄 알고 추가로 들어오는 주문을 박절하게 거절했다.

여주에 이사 와서 하나님의 크신 은혜로 사모의 건강이 좋아졌다. 고구마밭 일이 한몫했다고 생각한다.

"누구든지 일하기 싫어하거든 먹지도 말게 하라(살후 3:10 하)"

아이들의 꿈을 응원하며

나는 평생 이사를 많이 했다. 군대에 가서 12번 이사를 했고, 그 후에도 9번을 더 이사했다. 그런데 이사한 지역에 가보면 이상하게 공통점이 있었다. 어느 지역에 가든 부모가 없거나 조부모 밑에서 자라는 결손가정의 어린애들이 많았다. 상당수의 집에서 할머니 혼자 2~3명의 손주를 양육하고 있었다.

군 병원에 있을 때, 고아원에 위문을 간 적이 있었다. 내 눈에 보인 그들은 생기가 없었다. 심지어 얼굴에 핏기도 없었다. 눈, 코, 입을 하나하나 독립적으로 보았을 땐 모두 잘 생겼다. 그러나 얼굴 전체를 보았을 땐 왠지 균형이 맞지 않았다. 무엇 하나가 없어져 버린 것 같았다. 사랑이 메말라서 발생한 현상이라고밖에 설명할 길이 없었다.

요즘엔 정부에서 결손가정 어린이에 대한 지원을 많이 해준다고 한다. 그러나 정부에서도 지원해줄 수 없는 것이 딱 하나 있다. 바로 사랑이다. 사랑은 한 권의 책에서도 얼마든지 싹이 나고 굵은 열매로 자라날 수 있다.

책은 누구에게든 놀라운 지팡이가 돼 줄 수 있다. 특히 가진 것 없는 아이들에게 다양한 선생님과 친구들을 만들어줄 수 있다. 다른 사람의 시선을 따라가며 사회 곳곳의 아픔과 기쁨에 동참하도록 돕고 싶다. 그 갈피와 행간에서 자신이 달려가거나 머물 곳을 발견하도록 돕는 책의 마당으로 소외된 아이들을 초청하고 싶다.

나는 2016년에 목회사관학교 김종수 목사로부터 독서훈련 교육을 받았다. 2019년 9월에는 목회지도사 1급 자격증을 취득했다. 어린이용 도서도 제법 확보했다. 이제는 남은 생애를 어디에 마음을 쏟아야 할지가 잡혔다고나 할까.

지금 나는 나이가 들었고, 여건도 별로 좋지 않다. 그러나 하나님께서 따뜻한 사랑과 도움이 필요한 어린이를 보내주실 줄 믿는다. 그리고 이번에는 내가 그들을 향한 기대와 소망의 마음으로 그 아이들의 따뜻한 등이 되어 살게 해주실 것을 믿는다.

"내가 내게 있는 모든 것으로 구제하고 또 내 몸을 불사르게 내줄지라도 사랑이 없으면 내게 아무 유익이 없느니라(고전 13장 3절)"

목사 안수를 받던 날 어머니와 함께

어르신 대상의 예배를 인도하는 저자

미국에서 이민목회를 마치고 잠시 귀국한 동생 정명섭(왼쪽) 목사와 함께

암벽등반으로 체력을 기른 손녀 세린

단풍이 물든 가을 속으로

여주보에서

저자 부부를 비롯, 3대가 한 자리에

국군광주병원 행정장교들과 함까

미2사단 의무대장 클레멘츠 중령과 함?

중령으로 진급하던 날

양로원 위문

저자의 기쁨이자 보배인 4명의 손자녀들

할아버지의 원고를 읽고 있는 손자 요한